AF513984

Kirjeitä nuorelle runoilijalle

Rainer Maria
RILKE

Kirjeitä nuorelle runoilijalle

Suomentanut ja toimittanut
Liisa Enwald

TAI-teos HELSINKI

Saksankielinen alkuteos *Briefe an einen jungen Dichter*
Leipzig 1929

Näköispainos ntamo 2012
ISBN 978-952-215-302-9
Valmistaja:
BoD – Books on Demand, Norderstedt, Saksa

www.ntamo.net

86.4

kansi Veijo Muroke/Studio Arkki
taitto EevaNiirAmen Oy
paino Oriveden Sanomalehti Oy
Orivesi 1993

Sisällys

Lukijalle

Rainer Maria Rilken (1875-1926) *Kirjeitä nuorelle runoilijalle, Briefe an einen jungen Dichter*, ilmestyi Saksassa ensi kerran 1929. Toimittajana oli kirjeiden vastaanottaja Franz Xaver Kappus, jolle Rilke kirjoitti vuosina 1903-1908.

Rilken kirjeitä ei ole aiemmin saatu suomeksi yhtenä teoksena. Katkelmia ensimmäisestä ja neljännestä kirjeestä Kappusille on Anna-Maija Raittilan kääntäminä luettavissa Henry J. M. Nouwenin teoksesta Erämaasta puutarhaan (1986). Suomentamani Kappus-kirjeet 17.2.1903, 23.4.1903, 16.7.1903, 23.12.1903 ja 12.8.1904 on julkaistu Parnassossa 7/1991; kieliasua on sittemmin hieman hiottu.

Lukijan pääteltäväksi jää, miten nuori Franz Kappus on kirjoittanut ja millaisista elämänongelmista uskotulleen puhunut. Rilken vastaukset yhtä kaikki laajenevat usein filosofisiksi pienoisesseiksi. Kuinka Kappus niihin reagoi, sekin jää arvauksen varaan.

Löysikö vanhempi runoilija nuoremmassa myös kiistäjänsä? Kun taannoisella Saksan-matkallani aloin etsiä Franz Kappusin lyyristä tuotantoa, en sitä löytänyt. Sen sijaan sain tietää Kappusin kirjoittaneen sotilastoimensa ohessa pakinoita, komedioita ja satiireja sekä kuusi romaania, jotka oli luokiteltu viihteeksi. Hänen omasta esipuheestaan kirjevalikoimaan käy kuitenkin ilmi, että vaikka tiet lähtivät kulkemaan eri suuntiin, kerran vallinnut yhteys Rilkeen pysyi kannustimena.

Käännösvalikoiman toimitustyössä olen pyrkinyt pitämään Rilken kirjeet lyhentämättöminä ja hänen tyyliään vastaavina (vaikka sanatarkkuus olisi joskus kärsinyt). Kunnioittavat puhuttelut kirjeiden aluissa olen jättänyt saksankielisiksi. Tekstin kursivoinnit noudattavat alkuteoksen käytäntöä. Teoksen loppuosa liitteineen pyrkii palvelemaan niitä, jotka kirjeet luettuaan haluavat perehtyä Rilkeen laajemmalti.

Toimitustyössä olen saanut arvokkaita neuvoja Tuula Hökältä, Mirkka Rekolalta ja Veijo Murokkeelta. Kiitän lämpimästi heitä - samoin kuin niitä oppilaitani Oriveden opistossa, joiden Rilke-kiinnostus aikanaan kannusti minua ryhtymään käännöstyöhön. Suomen Kansanopistoyhdistyksen stipendi on mahdollistanut yhden Saksan-matkan.

Helsingissä 25.5.1993 *Liisa Enwald*

I

Kirjeitä nuorelle runoilijalle

Johdanto

Oli myöhäissyksy 1902, kun istuin sotakorkeakoulun puistossa Wienin Neustadtissa ja luin ikivanhojen kastanjoiden alla muuatta kirjaa. Olin siihen niin syventynyt, että tuskin huomasin saaneeni seuraa. Kunnioitettu pappi Horaček, kouluni professoreista ainoa joka ei ollut upseeri, oli tullut luokseni, otti niteen kädestäni, silmäili kansilehteä ja pudisti päätään. "Rainer Maria Rilken runoja?" hän kysyi miettiväisenä, selasi kirjaa sieltä täältä, pysähtyi joihinkin säkeisiin, katsoi taas etäälle ja vihdoin nyökkäsi. "Oppilas René Rilke - hänestä on siis tullut runoilija."

Ja niin minä sain kuulla hoikasta, kalpeasta pojasta, joka vanhempiensa määräyksestä oli aloittanut Sankt Pöltenin sotilaskoulun tuskin viisitoistavuotiaana, valmistuakseen myöhemmin upseeriksi. Horaček oli toiminut siellä tuolloin laitospappina ja muisti silloisen oppilaansa vielä varsin hyvin. Hän kuvasi tätä hiljaiseksi, totiseksi ja syrjäänvetäytyväksi mutta lahjakkaaksi pojaksi, joka teki nurkumatta tehtävänsä ja koetti kestää internaatin kovan kurin. Nelivuotisen alkeiskoulun jälkeen poika oli siirtynyt muiden mukana ylempään oppiin, jota annettiin Mährisch Weisskirchenissä. Siellä oleminen löi kuitenkin niin hänen luontoaan vastaan, että vanhemmat hakivat hänet sieltä pois ja antoivat mahdollisuuden opiskella kotona Prahassa. Miten pojan sitten kävi, siitä ei Horaček tiennyt enää kertoa.

Mutta tuossakin oli minulle kyllin. Rilkestä kuultuani en enää empinyt hetkeäkään, vaan päätin siltä seisomalta lähettää omia runoyritelmiä hänen katsottavakseen. Olinhan vasta kahdenkymmenen ja ohjautumassa alalle, jonne luontaiset taipumukseni eivät minua ollenkaan kutsuneet; ei siis ihme, etten mistään niin uskonut saavani ymmärtämystä kuin "Mir zu Feier" -teoksen* runoilijalta. Ja tahtomattakin kynästäni purkautui teksteilleni saatekirje, jossa avoimemmin kuin koskaan ennen sitä tai sen jälkeen kerroin itsestäni toiselle, vieraalle ihmiselle.

Kului viikkoja, ennen kuin vastausta kuului. Sitten tuli paksu, painava kirjekuori, jossa oli Pariisin postileima ja sininen sinetti ja jonka päällä oli kaunista, huoliteltua käsialaa, millä koko pitkä

* *Mir zu Feier* on Rilken alkuperäisteoksista kymmenes ja ilmestyi 1899. (suom. huom.)

viesti oli kirjoitettu alusta loppuun. Niin käynnistyi säännöllinen kirjeenvaihtoni Rainer Maria Rilken kanssa, ja sitä kesti vuoteen 1908, kunnes se vähitellen alkoi hiipua. Elämä oli nimittäin temmannut minut alueille, joilta runoilijan lämmin ja eläytyvä huolenpito oli nimenomaan koettanut minua varjella.

Mutta tuo ei ole nyt tärkeää. Tärkeitä ovat vain nämä kymmenen kirjettä, jotka tässä julkaistaan. Tärkeä on myös se tieto ja kokemus maailmasta, joka niistä välittyy ja jonka vallassa Rilke eli ja loi; siinä on opittavaa monille nuorille tänään ja vasta. Pieni saa nyt vaieta ja antaa suurelle, ainutlaatuiselle, puheenvuoron.

Berliinissä kesäkuulla 1929

Franz Xaver Kappus

Paris, am 17. Februar 1903

Sehr geehrter Herr,

sain kirjeenne vasta muutama päivä sitten. Haluan kiittää Teitä siitä ystävällisestä luottamuksesta, jota siinä minulle osoititte. Enempää en juuri voikaan. En voi ryhtyä ruotimaan runontekotapaanne kriittisesti, sillä kaiken sellaisen tunnen itselleni mahdollisimman vieraaksi. Millään ei voi niin vähän puhua taideteoksesta kuin kriittisillä sanoilla: ne tuottavat tulokseksi vain enemmän tai vähemmän onnekkaita väärinkäsityksiä. Kaikkiin asioihin ei ole niin helppoa kajota käsin ja puhein, kuin yleisesti luullaan; useimmat tapahtumat ovat sanomattomia ja toteutuvat tilassa, johon sanoilla ei ole pääsyä, ja sanomattomimpia kaikista ovat taideteokset, nuo salaisuuksista täydet olevaisuudet, joiden elämä jatkuu ja kestää, kun meidän katoaa.

Tämän johdattelun jälkeen minun on kerrottava, että runoistanne jää kaipaamaan ominta ääntä, olkoonkin että niistä näkyy hiljainen pyrkimys siihen, persoonalliseen. Selvimmin tunnen sen viimeisessä runossa "Sieluni". Siinä saatte sanoiksi jotain omaa. Ja kaunis runo "Leopardille" * kertoo sukulaisuudesta, jota tunnette tuota suurta yksinäistä kohtaan. Silti runot eivät oikein vielä elä omaa elämäänsä itsenäisinä, ja näin on myös laita tuon viimeisen samoin kuin Leopardille omistetun. Ystävällinen saatekirjeenne selittää tosin monia puutteita, joita - niitä nyt erikseen nimeämättä - huomasin säkeitänne lukiessani.

Te kysytte, ovatko runonne hyviä. Te kysytte sitä minulta. Olette udellut sitä myös muilta. Lähettelette runoja lehtiin. Vertaatte niitä toisiin runoihin ja hermostutte, jos toimitukset hylkäävät tarjouksenne. Nyt (kun kerran sallitte minun Teitä opastavan) pyydän Teitä luopumaan kaikesta tuollaisesta. Sehän on katseen suuntaamista ulospäin, ja sitä nimenomaan Teidän tulisi nyt välttää. On vain yksi menettelytapa. Menkää itseenne. Ja tutkikaa sitä perustaa, millä kirjoittamisenne on; koetelkaa itseänne: ulottuvatko kirjoittamisenne juuret sydämenne syvimpään kammioon, kysykää itseltänne, olisitteko valmis kuolemaan, jos Teiltä evättäisiin kirjoittaminen. Tätä kysykää ennen kaikkea muuta ja tehkää se yönne hiljaisimpana hetkenä, kysykää: *Täytyykö* minun kirjoittaa? Jos

---

* Giacomo Leopardi (1798 - 1837) on italialainen lyyrikko.

ainoa vastaus on myöntävä: vahva ja selkeä "*minun täytyy*", silloin rakentakaa koko elämänne tuon vääjäämättömyyden varaan, ja kaikkein mitättömimmän ja yhdentekevimmänkin hetken tulee silloin olla siinä kiinni. Lähestykää sitten luontoa. Koettakaa maailman ensimmäisen ihmisen tavoin sanoa, mitä näette ja koette, mitä rakastatte ja mitä olette vaarassa menettää. Rakkausrunoja älkää kirjoittako; välttäkää ensi alkuun muotoja, joita rasittaa helppous ja tavanomaisuus, ne ovat nimittäin kaikkein vaikeimpia, sillä vaatii melkoista voimaa ja kypsyyttä panna omintaan johonkin perinteeseen, olkoon tämä sinänsä kuinka erinomainen tahansa. Pelastautukaa sen sijaan niiden yleisten aihelmien pariin, joita arkipäivä Teille tarjoaa; kuvailkaa surujanne ja toiveitanne, ohikiitäviä ajatuksia ja uskoa kauneuteen - tehkää se hartaasti ja hiljaa, nöyrästi ja vilpittömästi, ja totuttautukaa ilmaisemaan sitä, mitä esineet ympärillänne, kuvat unissanne ja tilanteet muistoissanne Teille puhuvat. Jos arkenne tuntuu olevan köyhä, älkää siitä huoliko, vaan pikemmin itsestänne, jossa ei ollut kylliksi runoilijaa houkuttelemaan esiin arjen rikkauksia; sillä luova ihminen ei koe köyhyyttä, eikä mikään paikka maailmassa ole hänelle yhdentekevä tai puutteellinen. Jopa vankilassa, jonka muureja minkään maailman melu ei lävistä, Teillä tällöin on jotain: lapsuutenne, sen ruhtinaalliset rikkaudet, sen muistojen aarteet. Kääntäkää huomionne siis sinne. Koettakaa kaivaa esiin syvälle painuneet liikutukset, niin teidän luonteenne tulee lujittumaan, yksinäisyytenne avartumaan ja muuntumaan rauhanpaikaksi, johon vain etäältä kantautuu kaikki melu. - Ja jos tästä sisäänpäin katselusta, tästä omaan maailmaan menemisestä, syntyy sitten *säkeitä*, silloin ei mieleenne edes tule kysyä jolta kulta, ovatko ne hyviä *säkeitä*. Ette liioin yritä saada lehtiä innostumaan näistä töistänne, sillä Te tulette näkemään niissä pelkästään omaisuutenne, rakkaan ja luonnollisen, kappaleen omaa elämäänne, sen äänen. Taideteos on hyvä, jos se syntyy välttämättömyyden pakosta; muuta arvosteluperustetta ei sille ole. Siksi, kunnioitettu ystävä, ei minulla ole antaa muuta neuvoa kuin tämä: menkää itseenne ja koetelkaa syvyyksiä, mistä elämä, Teidän elämänne, lähtee virtaamaan; sen lähteillä tulette saamaan vastauksen kysymykseen, täytyykö Teidän luoda. Kenties osoittautuu, että taiteilijan kutsumus on omanne. Silloin ottakaa tästä osasta vaari, ja kantakaa se, sen taakka ja suuruus, kyselemättä ulkoapäin tulevaa palkkiota. Sillä luovan ihmisen tulee olla oma maailmansa ja löytää kaikki itsestään, siitä luonnonmukaisuudesta, mitä hän on. Mutta entä jos käykin niin, että Teidän on tämän itseenne ja yksinäisyyteenne johtavan askelen jälkeen luovuttava runoilijan urasta (eikä sen oivaltamiseksi tarvita muuta kuin tunto, että voi elää kirjoittamatta, kuten jo sanoin!). Silloinkaan ei tuo askel, jota Teiltä pyydän, ole ollut turha. Elämänne tulee joka tapauksessa löytämään oman uomansa, ja että se olisi hyvä, rikas ja avara, sitä toivon Teille enemmän, kuin sanoitse pystyn ilmaisemaan.

Mitä vielä Teille puhuisin? Olen jo korostanut sitä, mikä on tärkeää; lopuksi tahtoisin vain neuvoa Teitä kulkemaan niin kuin kehityksenne kulku on, hiljaa ja vakaasti. Tätä Te ette voi pahemmin häiritä kuin katselemalla ulospäin ja odottamalla sieltä vastausta kysymyksiin, joihin ainoa todellinen vastaus on sisin tunteenne hiljaisimpina hetkinänne.

Ilahduin kovasti nähdessäni kirjeessänne herra professori Horačekin nimen; kunnioitan suuresti tätä miellyttävää oppinutta ja olen hänelle vuosien takaa kiitollinen. Saanen pyytää Teitä kertomaan hänelle näistä tunnoistani; minulle merkitsee paljon, että hän vielä ajattelee minua.

Ne runot, jotka ystävällisesti luottaen minulle lähetitte, annan Teille saman tien takaisin. Ja kiitän vielä kerran luottamuksenne suuruudesta. Teille aivan vieraana ihmisenä voin ehkä nyt ansaita siitä pienen osan vastatessani Teille parhaan tietämykseni mukaan.

Nöyrimmästi ja mukana eläen:

Rainer Maria Rilke

Viareggio bei Pisa (Italien),
am 5. April 1903

Suonette minulle anteeksi, parahin herra, että nyt vasta kiitän 24. helmikuuta päivätystä kirjeestänne; olen koko ajan hiukan sairastellut, en vuoteenomana, mutta kuitenkin kyvyttömänä tekemään mitään keskittymistä vaativaa. Kun muu ei tuntunut auttavan, tulin tänne lähelle Välimerta, jonka voima jo kerran on minut parantanut. Mutta vielä en ole ihan kunnossa, kirjoittaminen käy vaikeasti, ja saattekin lukea nämä harvat rivit, ikään kuin niillä olisi enemmän.

Tehän tiedätte, että jokainen kirjeenne on minulle suuri ilo, vastauksia vain saatte harvakseen ja ehkä petytte niihinkin vähiin, jos ne eivät tuo ratkaisua ongelmiinne; mutta eikö kuitenkin ole niin, että me olemme kaikkein syvimmissä ja perustavimmissa asioissamme vääjäämättä yksinämme, ja monien seikkojen koko maailman järjestyksessä olisi muututtava, jotta ihmiset pystyisivät todella opastamaan ja auttamaan toisiaan.

Tänään haluan puhua Teille kahdesta asiasta. Ensin ironiasta:

Älkää antako sen hallita itseänne, etenkään niinä hetkinä, kun ette luo. Luovina hetkinä taas alistakaa se palvelijaksenne, niin saatte yhden keinon lisää tajuta elämää. Puhtaasti käytettynä on ironiakin puhdasta, eikä siinä ole mitään hävettävää; ja aina voi olla varuillaan, jos se alkaa tuntua liian uskolliselta ystävältä - silloin on paras kääntää ajatukset johonkin suureen ja vakavaan, sillä sitä ironia pelkää. Neuvon Teitä etsiytymään olevaisen syvimpään syvyyteen asti: sinne ironialla ei ole pääsyä - ja kun näin olette tekemisissä suuruuden kanssa, tehkää koe: onko ironinen asenne aidointa ja ominta Teissä, välttämättömyys? Jos se on vain käypäläinen, saatte myös nähdä, miten nopeasti se luovuttaa joutuessaan kosketuksiin syvän ja vakavan kanssa. Jos taas se kuuluu synnynnäisesti Teihin, se tulee lujittamaan otettaan ja on pian työkalunakin totista totta, yksi monista välineistä, joilla teette taidettanne.

Ja toinen asiani tänään on tämä. Kaikista lukemistani kirjoista ovat vain muutamat korvaamattomia, kaksi jopa niin, että kuljetan niitä aina mukanani. Ne ovat minulla täälläkin: ensiksi Raamattu, sitten suuren tanskalaisen runoilijan *Jens Peter Jacobsenin* teokset. Mahtaako hän olla Teille tuttu? Voitte hankkia hänen tuotantoaan melko helposti käsiinne, sillä osa siitä on ilmestynyt Reclamin Universal-sarjassa erittäin luotettavina käännöksinä. Ostakaa vaikkapa Jacobsenin "Kuusi novellia" ja romaani "Niels Lyhne", ja alkakaa lukea ensimmäisen niteen avausnovellia, jonka nimi on "Mogens". Siinä Teille tulee aukeamaan kokonainen maailma, sen onni ja suuruus. Eläkää kotva näissä kirjoissa, ottakaa niistä opiksenne mikä sen arvoista on, mutta ennen muuta rakastakaa niitä. Se palkitaan Teille tuhatkertaisesti. Millaisena elämänne tulee jatkumaankin, rakkaus Jacobsenin teoksiin, siitä olen varma, säilyy sen kudelmassa tärkeänä loimena.

Jos minulta kysytään, keiltä olen oppinut jotain luovan työn perusteista, syvyydestä ja kestosta, voin mainita vain kaksi nimeä: *Jacobsenin,* tuon suurenmoisen kirjailijan, ja *Auguste Rodinin*, kuvanveistäjän, jonka mestaruudelle ei nykytaiteessa ole vertaa.

Menestystä kaikille teillenne!

Ihr:
Rainer Maria Rilke

Viareggio bei Pisa (Italien),
am 23. April 1903

Pääsiäiskirjeenne, rakas ja kunnioitettu herra, tuotti minulle suurta iloa; sillä se kertoi Teistä paljon hyvää, ja se tapa, millä Te puhuitte Jacobsenin mahtavasta taiteesta, vakuutti minut siitä, etten suotta johdatellut Teitä ja kysymysten täyteistä elämäänne tuon runsauden ääreen.

Nyt teille on avautumassa "Niels Lyhne", teos täynnä kauneutta ja syvyyttä; kuta useampaan kertaan sitä lukee, sitä enemmän siitä löytää: elämän heiveröisimmistä tuoksuista aina sen painavimpien hedelmien täyteläiseen makuun. Siinä ei ole mitään, mitä ei voisi kokea ja ymmärtää ja mitä ei pienessä muistonliikahduksessa tunnistaisi; meillä ei ole ollut niin vähäpätöistä elämystä, ettei siitä tulisi meille kohtalo, ja tämä kohtalo itsessään on kuin ihmeellinen, laaja kudos, jonka on luonut herkin käsi ja jossa sadat langat tukevat toisiaan. Teitä odottaa suuri onni kohdata yllätyksiä ensi lukemalla ja sukeltaa niihin kuin outoon uneen.

Mutta myöhemminkään ette tule pettymään, sillä näissä kirjoissa voi samalla tavoin yllätettynä matkata yhä uudestaan, eivätkä ne tule menettämään mitään siitä otteestaan, jolla ne pitelivät lukijaa ensimmäisen kerran.

Lukija tulee vain iloitsemaan ja kiittämään niistä yhä enemmän ja alkaa katsella ikään kuin kirkkaammin silmin, hän tulee uskomaan elämään syvemmälti ja kokemaan kaiken entistä autuaampana ja suurempana. - Ja myöhemmin Teidän on luettava ihmeellinen teos Marie Grubben kohtalosta ja kaipauksesta ja lisäksi Jacobsenin kirjeitä ja päiväkirjamerkintöjä ja fragmentteja ja vihon viimein hänen runojaan, jotka (keskinkertaisina käännöksinäkin) elävät loputtomiin. (Vielä neuvoisin Teitä ostamaan, mikäli suinkin mahdollista, Jacobsenin koottujen teosten kauniin laitoksen - joka sisältää kaiken tuon. Se on julkaistu Leipzigissa kolmena niteenä, se on erinomainen käännös ja hinta on uskoakseni vain kuusi markkaa niteeltä.)

Kun sanotte mielipiteenne teoksesta "Hier sollten Rosen stehen..." (tästä muodoltaan niin upeasta), asetutte aivan oikein vastustamaan sen esipuheen tekijää. Ja tähän yhteyteen sopiikin pyyntö: Lukekaa mahdollisimman vähän esteettisesti arvostelevia tekstejä - ne ovat joko puoluepoliittisia, kankeita ja elottomia, tai taidokkaita sanaleikkejä, joilla tänään viedään voitolle tämä näkökanta ja huomenna tuo, kenties vastakkainen. Taideteokset syntyvät pohjattomasta yksinäisyydestä, ja vihonviimeisin keino tarttua niihin on kritiikki. Vain rakkaus voi niitä lähestyä. - Pankaa oma *itsenne* ja oma tunteenne joka kerta tuollaista erittelyä, spekulointia ja johdattelua vastaan. Ette ehkä aina koe olevanne oikeassa, mutta sisäisen, hitaan kypsymisenne myötä tulette luottamaan omiin arviointeihinne. Suokaa arvostelmillekin oma kasvunsa, hiljainen ja häiriötön, sillä sen on, kuten jokaisen edistysaskelen, saatava ponnistaa esiin syvältä minkään estämättä tai kiirehtimättä. *Kaikesta* ollaan raskaana ja sitten se synnytetään. Jok'ikistä vaikutelmaa ja tunteen alkiota kannetaan omassa itsessä, keskellä pimeää, tiedotonta ja sanomatonta; sen on saatava odottaa syvässä nöyryydessä jotta se tulisi kirkkaana ja uutena esiin: tätä yksin on taiteilijan elämä, olipa kyse ymmärtämisestä tai luomisesta.

Siinä ei silloin mitata aikaa; oli vuosia yksi tai kymmenen, ei merkitse mitään. Taiteilija ei tee laskutoimituksia, vaan kypsyy kuin puu, joka ei kiirehdi mahlansa virtaamista ja joka seisoo luottavana kevätmyrskyissä ilman vähäisintäkään huolta siitä, ettei kesää tulisi. Se kun tulee joka tapauksessa. Mutta vain näille kärsivällisille, jotka jaksavat odottaa, vaikka ikuisuuden, niin huolettoman hiljaa ja avoimina. Se läksy, jota opettelen päivittäin, kivuissani, joista olen kiitollinen: *kär-*

sivällisyys on kaikki kaikessa!

Richard Dehmel: Minulle käy hänen kirjojensa parissa (kuten sivumennen sanoen myös sellaisen ihmisen kanssa, jota tunnen vain ohimennen) niin, että kun olen selvinnyt yhdestä kauniista sivusta, pelkään jo seuraavaa, joka voi pilata kaiken ja tehdä rakastettavasta arvottoman. Te luonnehditte häntä hyvin ilmauksella "elää ja runoilla kiimassa". - Ei taide-elämys ole kaukana sukupuolisesta, jos puhutaan siitä sen suuressa avarassa, puhtaassa ja kaikista kirkollisista ennakkoluuloista vapaassa mielessä. Mikä siitä syntyy, on silloin suurta ja tärkeää. Onhan sen runollinen voima melkoinen, ja siinä on alkukantaisen vietin väkevyyttä, sillä on itsessään omat villit rytmit, ja ne se tempoo esiin läpi vuortenkin.

Mutta näyttää siltä, kuin tämä voima ei aina pysyisi puhtaana. (Onhan tosin taiteilijankin vaikeimpia koetuksia pitää tietonsa ja aavistustensakin tuolla puolen parhaat hyveensä, jos mieli säilyttää ne vapaina ja neitseellisinä!) Kun tuo voima vyöryy läpi ihmisen olemuksen ja muuttuu sukupuolivietiksi, se ei löydäkään enää sitä puhtautta mitä se tarvitsisi. Siinä käy silloin niin, että paljas sukupuolisuus korvautuu asenteellisella, *inhimillinen miehisellä* ja rakkaus kuohunnalla, levottomuudella. Koska mies rakastelee *vain* miehenä eikä ihmisenä, hänen tunteensa on rajoittunutta, villiä, aggressiivista, aikaan sidottua ja katoavaa, ja sellaisena se tekee hänen taiteensa halpahintaiseksi, todella häpeälliseksi, ja se on intohimojen syövyttämää; vain murto-osa siitä tulee kestämään. (Enin taide on tuollaista!) Mutta silti me voimme iloita syvästi siitä, mikä siinä on suurta, kun emme vain mene harhaan ja tule riippuvaisiksi tuosta dehmeliläisestä maailmasta, joka on niin kovin ahdasta ja pelokasta, täynnään aviorikosta ja muuta pikkuhairahdusta, kaukana todellisista kohtaloista, jotka tekevät kipeämpää kuin nämä ajalliset kurjuudet, mutta jotka myös tarjoavat enemmän mahdollisuutta ja rohkeutta suuren ja ikuisen kokemiseen.

Mitä vihdoin tulee minun kirjoihini, lähettäisin mieluusti Teille ne kaikki, jos vain sillä Teitä ilahduttaisin. Mutta olen köyhä mies, eivätkä kirjani ilmestyttyään ole enää omaisuuttani. En voi ostaa niitä itse - enkä, vaikka usein haluaisinkin, lahjoittaa niitä toisille.

Siksipä merkitsen erillisille liuskoille viimeisimpien teosteni nimet ja kustantajat (vain uusimpien, kaikkiaanhan olen julkaissut 12 tai 13) ja jätän Teidän tehtäväksenne hankkia ne käsiinne.

Teidän suon mielelläni lukevan kirjojani.

Kaikkea hyvää!

Ihr:

Rainer Maria Rilke

z. Zt. Worpswede bei Bremen,
am 16. Juli 1903

Jätin Pariisin noin kymmenen päivää sitten, melkoisen uupuneena, ja saavuin tänne suurelle pohjoiselle tasangolle, jonka avaruus ja hiljaisuus ja taivas saanevat minut taas virkistymään. Kauan jatkunut sade on vasta nyt hieman hellittänyt tällä tuulisella seudulla; ja aion hyödyntää tämän seesteisen hetken tervehtimällä Teitä, hyvä herra.

Parahin Kappus, en ole pitkään aikaan vastannut kirjeeseenne, en siksi etten olisi Teitä muistanut - päinvastoin: kirjeenne oli sellainen, että sitä lukee yhä uudelleen, kun löytää sen muiden kirjeiden joukosta, ja tuntuu, kuin siinä olisitte hyvin lähellä. Se oli päivätty toisena toukokuuta, Te muistatte sen. Kun sitä nyt täällä kaukana suuressa hiljaisuudessa luen, minua koskettaa Teidän elämänmurheenne, koskettaa vielä enemmän kuin ollessani Pariisissa, missä kaikki tuntuu toiselta ja melu saa esineetkin vapisemaan. Täällä, kun ympärilläni on avara maa jonka yllä merituulet puhaltavat, täällä tunnen, että mihinkään niistä kysymyksistä, joita elämä syvyyksissään kantaa, ihminen ei pysty vastaamaan; sillä parhaatkin sanat vievät harhaan, kun niiden on ilmaistava jotain hiljaista, melkein lausumatonta. Mutta uskon silti, ettette jää vaille ratkaisua, jos vain pysyttäydytte uskollisena esineille ja kaikelle sellaiselle mitä nytkin ympärilläni näen. Jos pidätte kiinni luonnosta, ja siinä pienimmästäkin, jota tuskin näkyy, mutta joka voi kuin huomaamatta kasvaa mittaamattoman suureksi; jos vain tätä vähäpätöistä rakastatte ja koetatte aivan hiljaa saavuttaa sen luottamuksen, palvelijaksi nöyrtyen; silloin kaikki käy Teille helpommaksi ja näette ehjemmin ja harmonisemmin, ette älyllä, jonka osa on hämmästellä, vaan sisimmällä tietoisuudellanne, hereillä ollen. Te olette vielä niin nuori ja niin alussa, ja sitä minä Teiltä koko voimallani tahtoisin pyytää, että pysyisitte sydämessänne kärsivällisenä jos ette heti löydä ratkaisuja, rakastaisitte *kysymyksiä sinänsä* kuin lukittuja huoneita tai kuin kirjoja joiden kielestä ette saa selvää. Suotta peräätte nyt vastauksia, joita Teille ei voida antaa, koska ette ole voinut niitä elää. Kaikki on elettävä, siitä on kyse. *Eläkää* kysymykset. Kuka tietää, jos eräänä päivänä elätte, itse sitä edes huomaamatta, vastauksetkin. Ilmeisesti Teille on suotu kyky antaa hahmo, luoda muotoa, olkaa siitä onnellinen; kasvattakaa itseänne tuohon elämäntapaan tietoisestikin, - mutta ottakaa samalla vastaan kaikki mitä tuleman pitää vakaasti luottaen, ja mikä tulee tahdostanne, mikä taas sisimpänne hädästä, eläkää senkin kanssa älkääkä mitään vihatko. Sukupuolisuus on vaikea asia, totta. Mutta vaikeaa on kaikki, mikä on tehtäväksemme annettu, melkein kaikki vakava on vaikeaa, ja vakavaa on kaikki. Jos sen vain tunnustatte ja päädytte siihen Teidän tarpeistanne ja kokemuksestanne, lapsuudestanne ja voimastanne käsin ja muodostatte näin aivan oman (tottumuksista vapaan) suhteen sukupuolisuuteen, silloin ette voi enää sitä pelätä ettekä kadottaa itsetuntoanne parhaan omaisuutenne takia.

Ruumiin nautinto on aistielämys, ei sen kummempi kuin puhdas katseleminen tai se raikas tunne, jolla herkullinen hedelmä täyttää kielen, se on suuri, mittaamaton kokemus, joka on annettu meille; se on tietämys maailmasta, tiedon täyteys ja hehku. Eikä sen vastaanottaminen ole pahasta; pahasta on, että melkein kaikki väärinkäyttävät tätä kokemusta ja haaskaavat sitä ja alentavat sen väsyneimpien hetkiensä huviksi, viihteeksi, sen sijaan että se olisi elämän kohokohta. Niin ovat ihmiset tehneet syömisellekin: puute yhtäältä, ylenpalttisuus toisaalta ovat himmentäneet tätä ja monta muuta syvää, yksinkertaista elinehtoa. Mutta yksilö voi kirkastaa ne uudelleen ja elää syvästi ja selkeästi (ja ellei yksilö, joka usein on muista riippuvainen, niin ainakin yksinäinen). Hän voi muistaa, että kaikki kauneus eläimissä ja kasveissa on rakkauden ja kaipuun hiljainen, kestävä muoto, ja hän voi nähdä, miten eläin tai kasvi koko ajan eheyttää ja avartaa itseään, tulee laajemmaksi, eikä tämän takana ole fyysinen halu tai kipu, vaan yksinkertaisesti elämän välttämättömyys. Se synnyttää uskollisuuden omille tarpeille, jotka ovat nautintoa ja tuskaa vahvempia ja valtavampia kuin tahto ja vastarinta. Tajuaisipa ihminen nöyremmin tämän salaisuuden, jota maa pienintään myöten on täynnä, hän kantaisi sen, ja tuntisi miten kauhistuttavan raskas se on, sen sijaan että ottaisi sen kevyesti. Oi että hän osaisi kunnioittaa omaa hedelmällisyyttään, joka on ykseys, vaikka se näyttää jakautuvan henkiseen ja ruumiilliseen; sillä myös henkinen luominen kumpuaa fyysisestä, on yhtä olemusta sen kanssa ja toistaa vain hiljaisemmin, herkemmin ja ikuisemmin ruumiin mielihyvää. "Ajatus olla luoja, todistaa, kuvata ja hahmottaa", ei ole mitään, ellei se ota kosketuspintaa maailmaan, sopusoinnussa esineiden, kasvien ja eläinten kanssa, - luomisen nautinto on pelkästään siksi niin kuvaamattoman kaunis ja rikas, että sen täyttävät muistot miljoonista synnytyksistä. Yhdessä luomisajatuksessa herää eloon tuhat unohdettua lemmenyötä, jotka täyttävät sen voimallaan. Ja he, jotka öisin yhtyvät ja keinuvat syleilyssään, he tekevät totista työtä ja keräävät tuosta ihanuudesta voimaa lauluun, jonka tulee eräänä päivänä synnyttämään runoilija ja hänen halunsa kertoa sanoilla sanomattomasta autuudesta. Ja he kutsuvat tulevaisuutta; ja vaikka he olisivat väärässäkin tai sokeita, se tulee, uusi ihminen nostaa päänsä, ja sattumasta muodostuu laki, joka saa siemenen työntymään kasvuvoimassaan esteiden läpi. Älkää antako pintojen hämätä; syvyyksissä kaikki on oikein. Ja ne monet, jotka elävät puutteellisesti tai väärällä tavalla tämän salaisuuden, kadottavat sen itseltään ja lähettävät sen eteenpäin kuin suljetun kirjeen, jonka sisällöstä eivät tiedä. Heidät voi harhauttaa nimitysten paljous ja tapahtumien monimuotoisuus. Mutta uskoisin, että kaikkea maailmassa hallitsee suuri äitiys, ja siinä on meidän yhteinen kaipauksemme. Neitseellisen naisen kauneus on äitiyttä, joka vasta aavistelee ja valmistelee, tuntee kipua ja ikävöi itseään. Ja äitien kauneus on palvelevassa äitiydessä, ja vanhaa naista hehkuttaa suuri muisti. Ja jopa miehessä on äitiyttä, niin minusta tuntuu, fyysistä ja henkistä; synnyttäähän mieskin, kun luo sisimpänsä täyteydestä. Ja kenties sukupuolet ovat toisiaan lähempänä kuin luullaankaan, ja maailma on uudistuva sinä hetkenä, kun mies ja tyttö vapautuvat harhoistaan ja kohtaavat sisaruksina ja naapureina, eivät enää vastakohtina, ja tulevat toimimaan yhdessä, *ihmisinä*, kantaakseen yhdessä, yksinkertaisesti, kärsivällisesti ja vakavasti sen vaikean sukupuolisuuden, joka heidän kannettavakseen on annettu.

Mutta kaikkea tätä, mikä ehkä tulevaisuudessa on jokaiselle mahdollista, voi yksinäinen nyt jo valmistella ja rakentaa käsillään, yhä harvemmin erehtyvillä. Sen vuoksi, parahin herra, olkoon yksinäisyys Teille rakasta ja soikoon sen tuoma tuska kauniina musiikkina. Likellänne olevat ovat Teille kaukaisia, sanotte - sehän osoittaa vain, että ympärillänne alkaa olla avaraa tilaa. Mihin asti ulottuukaan silloin se, mitä pidätte kaukaisena, kun läheisyyskin on Teistä etäällä; iloitkaa tästä tilanne laajenemisesta, johon ette voi ottaa ketään mukaan, ja kohdelkaa hyvin niitä, joiden on matkastanne jäätävä, olkaa heidän seurassaan varma ja levollinen, älkääkä säikähtäkö, elleivät he voi vastata Teidän luottamukseenne tai ilonilmaukseenne. Tyytykää etsimään pientä ja uskollista yhteyttä heidän kanssaan, sellaista minkä ei tarvitse muuttua miksikään itse muuttuessanne; rakastakaa heissä elämää, vaikka sillä olisi Teille vieras muoto, ja ymmärtäkää vanhenevia ihmisiä, jotka pelkäävät yksinoloa, Teille niin kallista. Vältelkää niitä yhteenottoja, joita syntyy lasten ja vanhempien välille; ne vievät voimia lapsilta ja rakkautta aikuisilta - sitä rakkautta, joka käsittämättömänäkin voi vaikuttaa ja lämmittää. Älkää kerjätkö neuvoja noilta ihmisiltä älkääkä odottako ymmärtämystä; mutta uskokaa rakkauteen, joka on olemassa Teitä varten kuin perintöosa, ja luottakaa siihen, että tässä rakkaudessa on voima ja siunaus, josta

Teidän ei tarvitse luopua vaikka oma tienne kulkisi kuinka etäälle!

On hyvä, että olette pääsemässä ammattiin ja voitte itsenäistyä sillä tavalla, valmistua sanan kaikessa mielessä. Kärsivällisyyttäkin siinä kysytään, sillä tuon virkauran runsaat muodollisuudet voivat alkaa ahdistaa sisintä elämäänne. Minusta se on vaikea ja vastuullinen ala kaikessa sovinnaisuudessaan, joka ei juuri salli persoonallista kannanilmaisua. Mutta muistakaa, että yksinäisyydessänne Teillä on koti, kun ulkoiset olot tuntuvat vierailta, ja vain siitä käsin Te pääsette etenemään. Saattelen Teitä hyvin toivotuksin. Minä luotan Teihin.

Ihr:
Rainer Maria Rilke

Rom, am 29. Oktober 1903

Lieber und geehrter Herr,

elokuun 29. päivän kirjeenne sain Firenzeen, ja vasta nyt - kahden kuukauden kuluttua - kiitän siitä. Olen tästä laiminlyönnistä pahoillani. Mutta minun on sanottava, etten matkoilla ollessani kirjoita kovin mielelläni kirjeitä, koska tarvitsen niihin enemmän kuin pelkkään rutiinityöhön: yksinäisyyttä ja hiljaisuutta, rauhaa ja edes vähän tuttuuden tuntua.

Roomaan saavuimme kuutisen viikkoa sitten, kun se vielä oli tyhjä, kuuma, kuumetta nostattava, ja tämä yhdessä käytännön hankaluuksien kanssa teki meidät melkein sairaiksi. Meitä ahdisti myös vieraus ja kodittomuus, eikä vähiten se painostava tunnelma, mikä Roomassa (sitä vielä tuntemattomalle) alkupäivinä aina syntyy, kiitos kuolleen ja raskaan museomaisuuden, jota se henkii, kiitos sen maasta kaivetun ja työläästi pystyssä pysyvän menneisyyden (jolla pieni nykyisyys kokee ruokkia itseään), ja kiitos sen suhteettoman arvostuksen, jota filologit ja muut oppineet, ja tusinaturistit heidän perässään, osoittavat näille rappeutuneille esineille, jotka eivät ole kuin satunnaisjäänteitä toisesta ajasta ja elämästä, sellaisesta joka ei ole ja jonka ei pidä ollakaan meidän omaamme. Vasta viikkokausien torjuvan varuillaanolon jälkeen voi tuon kaiken keskeltä löytää itsensä, ja siltikin pyörälläpäin, ja koettaa vakuutella, että ei, täällä ei ole sen *enempää* kauneutta kuin muuallakaan ja että nämä esineet, joita on vuosisatoja ihailtu ja käden voimin kunnostettu, ovat vailla sielua; - mutta toki on paljon kaunista täälläkin, kuten sitä on kaikkialla. Vedet virtaavat vanhojen akveduktien kuljettamina suureen kaupunkiin tanssien valkoisissa maljoissaan, levittäytyen altaisiin ja kohisten päivällä, pauhaten öisin. Ja yö, se on täällä suuri ja tähtinen, tuulten pehmentämä. Ja puutarhoja on, ikivanhoja bulevardeja ja portaita, portaita. Michelangelon piirtämiä, portaita jotka ovat kuin poispäin lipuva vesi, askelmat aaltoinaan. Jotain tuollaista katseltuaan voi jälleen koota itsensä keskellä turhuuden melua, jota kaupunki (todella anteliaasti) tyrkyttää, ja voi opiskella taas hitaasti ne harvat asiat, joissa ikuisuus pysyy ja joita voi rakastaa, ja saa tuntea hiljaisuudessa yksinäisyyden kosketuksen.

Asun toistaiseksi Capitolilla, lähellä yhtä kauneimmista muinaisroomalaisista veistoksista - Marcus Aureliuksen ratsastajapatsasta; mutta muutan jo viikon tai parin kuluessa rauhaisaan, yksinkertaiseen paikkaan, altaanille, joka piileksii syvällä suuressa puistossa, kaupungin äänten ja tapahtumien ulottumattomissa. Siellä aion asua koko talven ja iloita suuresta hiljaisuudesta, jonka odotan saavani palkaksi työntäyteisistä hetkistäni...

Sieltä sitten, kun tunnen olevani kotonani, lähetän Teille pitemmän kirjeen ja puhun Teidänkin teksteistänne. Tänään minun on vain vielä sanottava (ehkä se olisi pitänyt tehdä jo aikaisemmin), että kirjeessä mainitsemanne teos (jossa piti olla myös Teidän töitänne) ei ole löytänyt luokseni. Onko se palautettu Teille, Worpswedestä kukaties? (Nimittäin: paketteja ei saa käännyttää ulkomaille.) Tämä vaihtoehto on vähiten huono kaikista mieleen tulevista. Toivottavasti lähetyksenne ei ole kadonnut postissa - Italiassa sekin ikävä kyllä on mahdollista.

Olisin varmasti ilahtunut tästä kirjasta (kuten kaikesta, mikä muistuttaa Teistä), ja ne säkeet, jotka tällä välin olette synnyttänyt, aion lukea (jos vain yhä luotatte minuun), yhä uudelleen ja eläytyen ja niin tarkasti kuin suinkin kykenen. Paljon hyviä toivotuksia ja terveisiä

Ihr:
Rainer Maria Rilke

Rom, am 23. Dezember 1903

Mein lieber Herr Kappus,

jouluna, kun yksinäisyytemme tuntuu kenties raskaammalta kuin muulloin, haluan lähettää teille tervehdyksen ja muistuttaa, että kun koette yksinäisyyden suurena, teillä on syytä iloon; sillä mitä olisi (kysykääpä tätä itseltänne) sellainen yksinäisyys, johon ei liittyisi suuruutta; on olemassa vain yksi yksinäisyys, ja se on suuri ja kaikkea muuta kuin helppo kestää, ja melkein jokaiselle tulee hetkiä, jolloin hän mieluusti vaihtaisi sen johonkin halpaan huvitukseen ja seuranpitoon, siihen ihanuuteen, joka on syntyvinään, kun pidetään yhtä muka lähimpien, tosiasiassa kaikkein merkityksettömimpien ihmisten kanssa... Mutta entä jos nämä ovatkin juuri niitä hetkiä, joista yksinäisyys versoaa; sillä sen kasvu on tuskallista kuin mieheksi varttuminen ja surullista kuin kevään herääminen. Älkää kuitenkaan antako noiden kipujen viedä Teitä harhaan. Sillä se mikä varsinaisesti tekee kipeää, ei ole muuta kuin tämä: yksinäisyys, suuri sisäinen yksinäisyys. Mennä itseensä ja olla tuntikausiin tapaamatta ketään, - siitä tulee oppia nauttimaan. Ja olemaan yksin, kuten lapsena olimme aikuisten häärätessä ympärillä touhujaan, jotka näyttivät meistä suurilta ja tärkeiltä vain siksi, että nuo isot olivat niin touhuissaan ja että me emme ymmärtäneet heidän puuhistaan yhtään mitään.

Ja kun nyt sitten eräänä päivänä oivallamme, mitä nuo askareet ovat ja mitä he itse ovat virkoihinsa kivettyneinä, miksemme suhtautuisi niihin edelleen lapsen tavoin ja vierastaisi niitä, meidän oman maailmamme syvyydestä ja sen oman yksinäisyyden avaruudesta, joka on jo itsessään virka ja ura? Miksi ylipäätään vaihdamme lapsen viisaan ymmälläänolon niin herkästi torjuntaan ja halveksuntaan, kun ymmälläänolo juuri merkitsee yksinäisyyttä, torjunta taas saa meidät riippuviksi siitä mistä pyristelemme eroon. Ajatelkaa, ystävä hyvä, sitä maailmaa mikä on Teissä itsessänne, miksi tätä ajattelua sitten kutsuttekin: lapsuuden muisteluksi tai tulevaisuuden kaipuuksi, - ottakaa yhtä kaikki varteen vain se, mikä Teistä itsestänne on nousemassa, ja pitäkää sitä tärkeämpänä kuin mitään, mikä on ympärillänne. Se, mikä tapahtuu teidän sisällänne, ansaitsee kaiken rakkautenne, sen kanssa Teidän on työskenneltävä, sen sijaan että varmistaisitte asemaanne ihmisten silmissä - se on voimien haaskaamista. Mikä sitä paitsi on asema? - Toki tiedän, että virkanne on vaativa ja vastuullinen, jopa niin, että pystyin jo ennakoimaan ne valitukset, joita se Teissä synnyttäisi. Nyt, kun niiden aika on tullut, en voi Teitä paremmin tyynnytellä kuin muistuttamalla, että näin on laita kaikkien virkojen ja urien, ne ovat vastuita täynnä ja vihaavat yksilöitä, myös noita mykkiä ja tympääntyneitä velvollisuudentäyttäjiä itseään. Se paikka, jolla Teidän nyt on elettävä, ei ole tapakaavoineen yhtään sen pahempi kuin jokin toinen, ja jos muutamat näyttävätkin vapaammilta, silti tuskin on asemaa, joka olisi itsessään suuri ja avara, elämän perusasioita koskettava. Vain yksilö, joka on yksinäinen, kokee olevansa yhteydessä elämän syviin lakeihin, niin että kun hän keskellä nousevan aamun tai sammuvan illan tapahtumista tietää nämä liikahdukset myös omassa itsessään, hän voi kulkiessaan huomata, miten kaikki sääty ja status putoaa kuin ilme kuolleelta, vaikka hän on elävistä elävin. Siltä, mitä Te, Kappus hyvä, nyt koette upseerina, Te tuskin olisitte säästynyt missään muussakaan virassa tai edes virattomana seurapiireihin mennessänne. - Näinhän on aina ja kaikkialla; mutta älköön se antako aihetta masennukseen; jos kerran ette saa yhteyttä ihmisiin, etsikää kontaktia luontoon ja esineisiin, ne eivät Teitä jätä; Teillä on myös yöt, ja tuulet, jotka kulkevat puiden läpi ja maiden yli; kasvien ja eläinten maailma on täpötäynnä tapahtumaa, johon pääsette mukaan; ja ovathan lapsetkin lähellänne, nuo pienen itsenne kaltaiset, yhtä surulliset ja onnelliset, - ja aina ajatellessanne lapsuuttanne Te elätte heidän mukanaan, olette lapsen tavalla yksinäinen, ja silloin aikuisilla ja heidän arvonannollaan ei ole Teille mitään merkitystä.

Ja jos nyt on niin, että lapsuuden yksinkertaisen ja hiljaisen ajatteleminen on Teistä mahdotonta, koska ette voi enää uskoa Jumalaan, johon silloin olisi uskottava, kysykääpä itseltänne, hyvä Kappus, oletteko Te todella kadottanut Jumalan. Eikö ole pikemminkin niin, ettette ole häntä* vielä omistanutkaan? Sillä miksi puhutte siitä menneessä ajassa? Kuvitteletteko, että lapsi voi pidellä käsissään jotain, missä on aikamiehellekin yllin kyllin ja minkä alla vanhukset painuvat kumaraan? Luuletteko, että hänet todella omistanut voi noin vain hukata hänet kuin pienen kiven, vai sitäkö tarkoitatte, että Te, jonka hän joskus tunsi, olisitte nyt häneltä hukassa? - Jos taas tunnustatte, että häntä ei ollut lapsuudessanne, eikä sitä ennen, eikä Kristusta pettänyt muu kuin hänen kaipuunsa tai Muhamedia muu kuin hänen ylpeytensä, ja jos säikähdätte sitä, ettei hän ole läsnä nytkään, meidän hänestä puhuessamme, - niin mikä oikeuttaa Teidät väittämään häntä kadonneeksi ja etsiskele-

---

* Rilke kirjoittaa Jumalaa tarkoittavan *hän*-sanan isolla vasta tämän kirjeen lopulla. (Suom.huom.)

mään ikään kuin hävinnyttä esinettä sitä, mitä ei ole koskaan ollutkaan?

Miksette sen sijaan ajattele, että hän on se Tuleva, joka ikuisuusperspektiivistä katsottuna on meidän edessämme, tai että me olemme lehviä puussa, jonka loputon hedelmä hän on. Mikä estää Teitä siirtämästä hänen syntymäänsä tuleviin aikoihin ja elämästä nyt kuin raskaudentilaa, tuskallista ja kaunista? Ettekö näe, että kaikki mikä tapahtuu on yhä uutta ja uutta alkamista - eikö se siis voisi olla *Hänen* alkuaan, itsessään ihanaa kuten kaikki alku? Jos hän on täydellisin, eikö kaiken vähäisimmän tule silloin olla *ennen* häntä, jotta hän voi valikoitua esiin tuosta runsaudesta? Ja eikö *hänen* pidä olla viimeisin, jotta hän voisi kietoa itseensä kaikki, ja mitä mieltä meillä olisi kohdistaa kaipauksemme johonkin, joka jo oli.

Niin kuin mehiläiset mettä, niin mekin keräämme kaikesta sitä suloisinta ja rakennamme Hänet. Pienestä ja jopa näkymättömästä voimme aloittaa (jos se vain tapahtuu rakkaudessa), työllä ja levolla, vaikenemisella tai pienellä yksinäisellä ilolla, kaikella mitä vain teemme itsenämme, ilman riippuvuussuhteita, me panemme alulle Häntä, jota meidän on vielä yhtä mahdoton elää kuin meidän edeltäjäimme meitä. Ja kuitenkin he ovat meissä, nämä ammoin kuolleet, perustuksenamme ja kuormanamme, verenkohinana ja kasvoina, jotka nousevat esiin aikojen syvyyksistä.

Voisiko siis mikään ottaa Teiltä pois toivoa olla samalla tavoin kerran Hänessä, joka on kaukaisin, äärimmäisin?

Viettäkää siis joulunne, hyvä Kappus, tässä lohdullisessa tunnossa, että Hän tarvitsee kenties juuri Teidän tuskaanne ryhtyäkseen syntymään; nimenomaan tämä kriisivaiheenne on ehkä aikaa, jolloin kaikki Teissä työskentelee Hänen vuokseen, aivan kuin Te jo kerran loitte Häntä lapsena, henkeä pidättäen. Olkaa kärsivällinen ja luottavainen ja ajatelkaa, että vähin mitä voimme tehdä on olla vaikeuttamatta Hänen tulemistaan, eihän maakaan ole esteenä keväälle, kun se on päättänyt aloittaa tulonsa.

Ja olkaa iloisella ja lohdullisella mielellä.

Ihr:
Rainer Maria Rilke

Rom, am 14. Mai 1904

Mein lieber Herr Kappus,

on kulunut aikaa siitä, kun sain viime kirjeenne. Älkää panko sitä kovin pahaksenne; vastaustani viivyttivät ensin työt ja sitten muut esteet, lopulta sairastuin; en voinut kirjoittaa Teille niin huonon voinnin ja mielialan vallitessa. Nyt on oloni taas hiukan parempi (kevääntulo se täälläkin ahdisteli herkkiä ihmisiä) ja on aika tervehtiä Teitä, rakas Kappus, vastailla kirjeeseenne kaiken taidon ja ymmärryksen mukaan.

Kuten näette, olen jäljentänyt tähän sonettinne, koska se on minusta kaunis ja muotopuhdas kaikessa koruttomuudessaan. Nämä ovat parhaat säkeet, mitä olen Teiltä lukenut. Ja nyt annan Teille tuon jäljennöksen, koska tiedän, miten uusi ja tärkeä kokemus kirjoittajalle on nähdä oma työ ikään kuin vieraana. Lukekaa säkeet kuin toisen kirjoittamina ja tulette tuntemaan sisimmässänne, miten syvästi omianne ne ovat.

Nautin todella lukiessani sekä sonettianne että kirjettänne moneen kertaan, kiitos kummastakin!

Alkää Te yksinäisyydessänne antako sen hämätä, että jokin Teissä etsii ulospääsyä. Jos vain teette tästäkin pyrkimisestä työkalun, operoitte sen kanssa rauhallisesti ja harkitusti, niin saatte nähdä, miten yksinäisyytenne laajenee yli koko avaran maan. Ihmiset ovat (tapoihinsa juuttuneina) tottuneet ratkaisemaan kaiken kevyimmällä ja helpoimmalla tavalla, mutta meidän osammehan on pidättäytyä vakavimpaan ja raskaimpaan; niin tekee vääjäämättä koko luontokin, kaikki elollinen pysyy hengissä ja tuottaa omintaan juuri sillä tavoin. Varmimpia asioita siitä vähästä, mitä tiedämme, on se, että kannattaa torjua helppoja ratkaisuja ja luottaa vaikeisiin; yksinäisyys on meille arvokasta juuri vaikeudessaan, ja tuo raskaus ja vaikeus on suuri haasteemme.

Myös rakastaminen on arvokasta; sillä rakkaus on vaikeaa. Antaa rakkauden kulkea ihmisestä ihmiseen, siinä on testiä, työtä ja haastetta kerrakseen, lieneekö meille annettu sen perustavampia tehtäviä, sen suurempia päämääriä. Miten *voisivat* siis nuoret, jotka ovat kaikessa vasta alokkaita, osata rakastamisen taitoa; eikö heidän pidä se ensin opiskella? Heidän on paneuduttava noihin opintoihin koko olemuksellaan ja koko arasti ja kipeästi sykkivän sydämensä voimalla. Se, kuten kaikki muu oppiaika, kestää kauan ja pysyy pohjimmiltaan salassa; rakkaudessa on mentävä pitkälle ulos ja syvälle sisään - se on yksinäisyyttä, se on vahvaa ja latautunutta yksinoloa sille, joka rakastaa. Ei se ole, kuten yleisesti uskotaan, avautumista tai antautumista tai toiseen yhtymistä (sillä onko keskeneräisten, vielä omaa sekasortoaan elävien yhtymisellä mitään virkaa?), se on haaste yksilölliseen kypsymiseen; rakastavan on tultava itsessään joksikin, ei enempää eikä vähempää kuin maailmaksi, itsenään maailmaksi toista varten; siinä juuri on haasteen ja vastuun suuruus. Sitä varten on tehtävä valintoja, se on kuin kutsumus. Ja vain tällaisena, yöt ja päivät täyttävänä tehtävänä tulisi nuorten ottaa rakkaus, joka heille annetaan. Yhtymistä ja antautumista se ei ole heille, vielä itsessään vajaille, ja onko se sitä koko ihmiskunnallekaan, edes kaukaisena tavoitteena, voiko se sitä olla, sopii vain kysyä.

Nuoret erehtyvät (kärsimättömiä kun ovat) liian usein luulemaan, että rakastaminen on yhtä kuin oman itsensä - tuon hämmentyneen ja kaoottisen - jakaminen, epäitsekäs antaminen, hajottaminen... Mitä sen sitten pitäisi olla? Mitä pitäisi elämän tehdä tälle pirstonaisuudelle, jota yhteydeksi ja jopa onneksi kutsutaan? Kun siihen uskova vain kadottaa itsensä toisen vuoksi ja kadottaa siinä samalla tuon toisen, vieläpä kolmannenkin. Ja menettää näköalojen avaruuden ja mahdollisuuksien runsauden, vaihtaa pienten asiain vaivihkaisen lähestymisen ja loitontumisen hedelmättömään neuvottomuuteen, sellaiseen, mistä voi kehittyä vain inhoa, pettymystä ja puutetta ja mistä voi koettaa pelastautua sovinnaistapoihin, konventioihin. Näitähän on rakennettu kuin linnakkeita tämän vaarallisen tien varteen. Rakkautta varustetumpaa elämänaluetta ei olekaan; on mitä moninaisimpia turvavöitä, pelastusveneitä ja -liivejä, suojatoimia jokaisen pelkääjän tarpeeseen, sillä viihteeksi kevennetty asia tarvitsee taatut ja kevyet puitteet. Siksi rakkaus on mitä erilaisimpien sovinnaisuuksien suojelemaa.

Tietäväthän sen tosin monet, nuoretkin, että jossain on menty vikaan ja että tilanne olisi korjattava. Ne, jotka rakastavat epäaidosti ja yksinäisyyttä peläten (ja niitähän on suurin osa ihmisistä!), tuntevat kyllä ajoittain tilansa mielettömyyden ja sen, etteivät täytä omimpia toiveitaan. Luonto jo sanoo heille, että rakkauden kysymykset jos mitkään vierovat yleispäteviä, yleismoraalin mukaisia vastauksia, ne ovat nimittäin intiimejä ja muuntuvat tapaus tapaukselta, yksilö yksilöltä, joten ratkaisukaan *ei voi olla muu* kuin yksilöllinen. Mutta mitä tarjota lääkkeeksi noille jo yhteenlyöttyneille, jotka eivät osaa enää erota, kun ovat kaiken omansa kadottaneet ja sen mukana ulospääsyn yhteisyydestä, jota luulivat onneksi? Miten avata heille tie takaisin yksinäisyyteen?

Yleiset asenteet - ne, missä on heidänkin onnettomuutensa pohja - kyllä väittävät, että pelastus on; pitää vain välttää se kaikkein tavallisin konventio (avioliitto) ja hakeutua vähemmän helppoon ratkaisuun. Mutta kun *sekin* on aivan yhtä sovinnainen ja kuolettava - rakastavaiset pyörivät kaunista kehää tottumustensa ympärillä, sen taidon he osaavat. Mihin muuhun voisikaan johtaa sellainen yhteys, joka on alusta asti ahdas ja hapeton; se on jo syntyessään tuomittu tapojen orjuuteen, olkoon suhde sitten muodoiltaan sovinnaismoraalin vastainenkin; jopa ero on tällöin eräänlainen konventio, mihinkäänjohtamaton askel jota ei määrää yksilö vaan asenteellisuus.

Sen, joka ajattelee vähänkään syvästi ja tosissaan, on pakko huomata, että rakkaus on tässä suhteessa kuoleman kaltainen; yhtä vakava, raskas ja ratkaisematon. Ei kumpaankaan ole yleispätevää selitystä, saati toimintamallia; toden ja syvän tie on aina tuntematon eikä vierasta mitään niin kuin sovinnaissääntöjä. Rakkaus, kuten kuolemakin, on tehtävänä mitä yksityisin, ei sitä voi muille jakaa. Ja nuo suuret asiat pääsevät meitä sitä likemmä ja tutummiksi, kuta enemmän annamme tilaa omalle yksilönelämälle. Riittääkö koko elämäkään silti tuon tehtävän suorittamiseen, ehdimmekö koskaan kasvaa rakkauden haasteen mittaisiksi? Ellemme kypsy siihen omana aikanamme, voimme toivoa, että autamme hitusen jälkeemme tulevia; jos tartumme haasteeseen, pidämme siitä kiinni kuin kalleimmasta, opiskelemme sitä emmekä vaihda mihinkään helppohintaiseen, raivaamme tietä edistysaskelille, joita tulevaisuuden ihmiset omalla tiellään ottavat.

Ajatellaanpa naisen kehitystä. En voi uskoa, että hänen miehisyyttä matkivat tapansa ovat muuta kuin välivaihe ennen yhä suurempaa halua pysyä naisena, kaivaa esiin omin ja kaunein tuon maskuliinisen rekvisiitan (luvalla sanoen naurettavan) alta ja hyväksyä se aito ja suora ja hedelmällinen elämä, joka naisessa itsessään on. Se on kypsempää elämää kuin se mikä miehessä on, sillä miehen on rakkaudessakin pädettävä, hedelmätön kun on, pintaliidolla, nopeilla suorituksilla, aggressioilla. Naiset tulevat vielä yllättämään toisen sukupuolen omalla kivun ja alistuksisssaolon syventämällä ihmisyydellään, jos vain luopuvat tottumuksestaan olla vain-naisia. On vielä koittava päivä, jolloin naisena oleminen on jotain muuta kuin miehenä olemisen vastakohta. Se on silloin itsessään tärkeää, rajoittamatonta ja täydellistä, kokonaista olemista, - elämää naisellisena ihmisenä.

Tämä edistysaskel tulee muuttamaan pohjia myöten myös rakkauskokemuksen, joka nyt on täynnä erehdystä (ja joka on vastoin syrjäytettyjen miesten tahtoa); rakkaussuhde tulee olemaan ihmisen ja ihmisen, ei enää miehen ja naisen. Ja tämän inhimillisen rakkauden kuvaa kohti me voimme nyt jo ponnistella ja pyrkiä, sellaisen rakkauden, jonka tavoite tulee selkeästi täyttymään sekä yhtymisissä että eroissa ja jonka edellytyksenä on yksinäisyyden suojeleminen ja kunnioitus.

Vielä sanon: älkää pelätkö, että se suuri rakkaus, joka kosketti Teitä poikasena, olisi Teiltä nyt hukassa; Teissähän kypsyi silloin jotain niin suurta ja hyvää, että se kannattelee Teitä yhä, vai voitteko muuta väittää? Uskon, että tuo rakkaus on jäänyt muistiinne niin väkevänä siitä syystä, että juuri siinä koitte ensimmäisen syvän yksinäisyytenne ja teitte loppuun ensimmäisen todella sisäisen työn. - Kaikkea hyvää Teille, Kappus rakas!

Ihr:
Rainer Maria Rilke

SONETTI

Kaipaus on osa elämääni.
Huokailemattako kestän sen?
Unissa vain yksin katselen
lumikukkapuuta, ystävääni.

Joskus suuren kysymyksen ääni
minut pysähdyttää vaatien.
Hetken seison - sitten ohi sen
jatkan, mittaamatta syvempääni.

Silloin suru on jo saanut voiton:
maahan lyö kuin ruohon syksytuuli,
mielen tähtisäihkyn sammuttaa.

Käsi hapuilee: se minne soiton
hukkasi, tai lauluäänen huuli?
Ken jaksaa vaieta ja rakastaa...

Franz Kappus (suom. L.E.)

Borgeby gård, Flädie, Schweden,
am 12. August 1904

Puhelenpa taas kerran hetken ajan Teille, hyvä herra Kappus, vaikkeivät sanani juuri voikaan lohduttaa, saati auttaa käytännössä. Teillä on ollut paljon murheita jotka ovat nyt menneet ohi. Mutta sanotte, että tämäkin ohimeneminen on ollut Teille raskasta ja uuvuttavaa. Eikö kuitenkin ole pikemmin niin, että nuo suuret surut ovat kulkeneet Teidän lävitsenne? Ettekö tunne monelta osin muuttuneenne, tulleenne ikään kuin toiseksi ihmiseksi surunne aikana? Todella vaarallisia ovat vain ne surut, joista ihmisten seurassa kilvan valitetaan ja koetetaan siten saada ääni kuluviin; niiden käy kuin huonosti hoidettujen sairauksien: ne uusiutuvat ja ovat sitten entistä kovempia; ja ne kerääntyvät ihmisen sisään elämättömäksi elämäksi, turhaksi ja menetetyksi; niihin voi kuolla. Olisipa meille vain mahdollista nähdä tietämystämme ja jopa aavistustamme laajemmalle, niin ehkä oppisimme luottamaan suruihimme enemmän kuin iloihimme. Sillä surujen tullen meihin astuu jotain uutta, jotain tuntematonta; hämmennys mykistää meidät ja me otamme takapakkia, joudumme hiljaisuuden valtaan, ja keskellä tätä äänettömyyttä seisoo tuo uusi, ennenkohtaamaton.

Uskon, että surunhetkiemme jännitys, joka lamauttaa meidät, johtuu juuri tästä vieraudentunteesta. Olemme yksin meihin astuneen uuden ja oudon kanssa; kaikki tuttu ja turvallinen on äkkiä poissa; olemme murroksessa, johon, murroksen luonteen mukaisesti, emme voi pysähtyä. Juuri siksi suru menee ohikin: uusi meissä astuu sydämeemme, sen sisimpään kammioon - ja sieltä vielä eteenpäin: vaeltaa vereen. Ja kaikki tapahtuu niin nopeasti, että tuskin ehdimme tajuta, mitä se oli. Uskomme herkästi, että mitään ei tapahtunutkaan, vaikka olemme itse muuttuneet, eihän kotikaan jää entiselleen vieraan tultua. Mistä lopulta oli kyse, emme ehkä saa tietoomme koskaan, mutta moni merkki saa meidät aavistamaan, että tulevaisuus se meihin tuli tuolla tavoin, tapahtuakseen meissä jo ennen kuin sen aika on. Ja siksi on niin tärkeää olla yksin ja valppaana aina surun tullen: koska juuri tämä näennäisen liikkeetön hetki, jona tulevaisuutemme kohtaa meidät, on niin paljon lähempänä elämää kuin se toinen, joskus sattumalta tuleva, jolloin tulevaisuus on jo ulkoista tapahtumista. Kuta hiljaisempia, kärsivällisempiä ja avoimempia olemme surressamme, sitä syvempään ja sitä varmemmin uusi astuu meihin, sitä paremmin olemme sen ansainneet ja sitä enemmän se on meidän kohtaloamme, ja tunnemme siihen lähisukulaisuutta silloin, kun se vihdoin on "tapahtumista" (toisin sanoen: menee meistä muihin). Ja näin on väistämättömästi. Vääjäämättä ja vähä vähältä kehityksemme on kulkemassa sitä kohti, että meille ei satu mitään vierasta, vaan vain jo pitkään meille kuulunutta. Monen asian täytyy tajunnassamme mullistua, jotta vähitellen tunnustaisimme, että tuo kohtaloksi kutsumamme onkin jotain mikä astuu ihmisistä pois, sen sijaan että tulisi heihin ulkoapäin. Sitä vain on ollut vaikea tunnistaa, mikä astuu heistä ulos, kun niin monet, kohtaloissansa eläessään, eivät ole muuttaneet niitä osaksi itseään; se on heille silloin niin vierasta, että he kauhussaan pitävät sitä jonain aivan uutena ja sadattelevat, kun eivät ole ennen nähneet mitään sellaista. Meillä on yhä harhaluulo, että tuleva liikkuu. Niin luulimme ennen auringostakin, vaikka se pysyy paikoillaan. Liikkujia olemme me itse, ja meitä ympäröi loputon avaruus, jossa tulevaisuus on paikoillaan kuten aurinkokin.

Ei siis ihme, jos meillä on vaikeaa, vai mitä?

Ja, mitä tulee taas kerran yksinäisyyteen, on yhä ilmeisempää, ettei se syvimmiltään ole jotain jonka voi noin vain ottaa tai jättää. Mehän *olemme* yksinäisiä. On silkkaa itsepetosta toimia, ikään kuin näin ei olisi. Tämä on totta. Eikö silloin ole paljon parempi tunnustaa ja pitää jo lähtökohtana sitä, että me olemme yksinäisiä. Voi tosin käydä niin, että meitä alkaa pyörryttää, otetaanhan meiltä pois kaikki, missä silmämme oli tottunut lepäämään, ei ole enää mitään läheistä, ja kaikki etäinen on loputtoman etäällä. Vastaavanlainen kokemus odottaa sitä, joka huoneensa turvallisuudesta temmataan äkkiarvaamatta vuoren huipulle: epävarmuudentunne on suunnaton, eikä näyn rajattomuus herätä ihailua, päinvastoin. Korkealla seisova pelkää putoavansa tai viskautuvansa avaruuteen tai pirstoutuvansa tuhansiksi palasiksi, ja hänen aistiensa täytyy turvautua valheeseen, jotta rauha palaisi. Samanlaisen etäisyyksien muuttumisen saa kokea se, josta tulee yksinäinen, kaikki mittasuhteet ovat äkkiä toiset, ja, kuten tuo vuorelle joutunut, hänkin saa outoja fantasioita ja tuntemuksia, joita ei tahdo kestää. Mutta näin täytyy olla. Meidän on elettävä koko olemassaolomme niin *avarasti*, kuin sen arvoista on; kaiken, myös ennenkokemattoman, on oltava siinä mahdollista. Meiltä kysytään itse asiassa vain rohkeutta: rohkeutta oudoimman, ihmeellisimmän ja selittämättömimmän edessä. Ihmisten arkuus tässä suhteessa on tehnyt elämälle uskomatonta hallaa; ne elämykset, joita sanotaan "ilmestyksiksi", koko niin sanottu "henkimaailma", kuolema, kaikki tämä meitä niin läheltä koskettava, on torjuttu niin perusteellisesti pois jokapäiväisestä elämästä, että myös ne aistit, joilla ne voitaisiin tavoittaa, ovat meiltä surkastuneet. Puhumattakaan Jumalasta. Mutta tämä selittämättömän pelko ei ole köyhdyttänyt pelkästään yksilön elämää, vaan ihmissuhteitakin, joille on käynyt, kuten joen vedelle kävisi, jos se otettaisiin pois virran uomastaan, loputtoman tapahtumisen täyttämästä, rannalle, jossa ei tapahdu mitään. Eiväthän ihmisten välit ole niin yksiviivaisia kuin ovat, silkan laiskuuden vuoksi, vaan juuri tuon tuntemattoman pelon: outo elämys kauhistuttaa meitä, kun emme usko sen ajan vielä olevan emmekä usko siihen kasvaneemme. Niinpä vain se, joka ottaa vastaan kaiken, mitään, kummallistakaan, hylkäämättä, kokee ihmissuhteensa todella eläviksi ja luo oman olemassaolonsa. Yksilön olemassaolohan voidaan ajatella tilaksi, jonka koko vaihtelee. Useimmat pääsevät tuntemaan vain sen yhden pienen nurkan, ikkunapaikan, kapean kaistaleen, jossa he polkevat paikallaan pelkästään taatakseen turvallisuutensa. Ja kuitenkin niin paljon inhimillisempää on elää vaaraa ja epävarmuutta, olla kuin Poen novellien vangit, jotka eivät pelkää katsoa silmiin sellinsä hirveyksiä. Me emme ole vankeja. Meitä ei kiusaa tyrmä eikä silmukka, oikeastaan ei pitäisi olla mitään, mikä meitä ulkoisesti ahdistaa. Elämäänhän meidät on pantu, elementtiin, joka on meille sopiva ja johon olemme vuosituhansien varrella siinä määrin mukautuneet, että meitä tuskin ympäristöstä erottaisi, jos emme liikkuisi. Meillä ei ole siis mitään syytä olla luottamatta maailmaamme, sillä se ei ole meitä vastaan. Jos siinä tulee eteen kauhua, se on *meidän* kauhuamme, jos siinä on kuiluja, ne ovat osa meitä, ja jos on vaaroja, niitäkin meidän kuuluu rakastaa kuin omaisuutta. Jos me vain otamme varteen sen neuvon, ettemme hylkää ja torju vaikeaa, tulee kaikesta nyt vieraana pitämästämme meille mitä uskollisin ystävä. Muistammehan ikivanhat tarut lohikäärmeistä, jotka muuttuvat yhtäkkiä prinsessoiksi; ehkä meidänkin elämämme lohikäärmeet ovat prinsessoja, jotka vain kaipaavat saada kerran näyttäytyä kauniina ja iloisina. Kuka tietää, jos kaikki kauhea onkin syvimmiltään vain avutonta ja odottaa meiltä apua.

Siksipä Teidän, hyvä Kappus, ei pidä säikähtää, jos eteenne nousee ennennäkemättömän suuri suru; tai jos levottomuus hämmentää Teitä kuin valon ja varjon vuorottelu. Teidän tulee ajatella, että Teille on tapahtumassa jotakin, että elämä ei ole Teitä unohtanut, vaan pitää Teitä kädestä eikä päästä putoamaan. Miksi sulkisitte elämästänne kaiken rauhattoman, surullisen ja ikävän, kun ette vielä voi tietää, mitä nämä vaikeat asiat aikovat Teidän parhaaksenne. Miksette kysy, mistä ne tulevat ja minne niillä on matka? Kun sentään tiedätte olevanne keskellä murroksia, olkoonkin että teille juuri nyt epämieluisia. Kun sairastutte, Teidän kannattaa muistaa, että tauti on elimistön tapa vapautua vieraasta; se tulee hyväksyä ja jopa auttaa taudin puhkeamista ja etenemistä. Enemmänkin: Te olette myös lääkäri, joka hoitaa. Mutta sairastavalla on päiviä, jolloin lääkäri ei voi tehdä muuta kuin odottaa. Ja se juuri on Teidän tehtävänne, niin kauan kuin olette oma parantajanne.

Älkää tarkkailko itseänne niin kovin. Älkää tehkö liian nopeita johtopäätöksiä siitä, mitä Teille on tapahtumassa, antakaa tapahtumisen vain tulla. Muutoin päädytte liian helposti moraalisiin syyttelyihin, kun mietitte menneisyyttänne. Eroonhan siitä ette pääse, se kulkee mukananne. Mutta ne lapsuutenne erheet, toiveet ja kaipaukset, jotka Teissä yhä vaikuttavat, eivät välttämättä ole syytösten aihe. Kun lapsuus on yksinäinen ja avuton, herkkä ja kaikin tavoin poikkeuksellinen, se on sinällään jo niin vaikea ja kompleksikas, ettei siitä löytyvää pahetta saa ilman muuta paheeksi *nimittää*. Nimityksissä tulee ylipäätään olla varovainen; se mitä me rikkomukseksi sanomme ja mikä voi saattaa koko elämän sortumistilaan, voi itse asiassa olla vain elämän välttämättömyys, jokin aivan henkilökohtainen ja nimetön teko, jota ei pitäisi ottaa kovin vakavasti. Siksikö kulutatte niin suunnattomasti voimia tuollaisten pohtimiseen, että pidätte voittamista liian suuressa arvossa; eihän "suurta" ole se, minkä uskotte tehneenne. Toki Teillä on oikeus omiin tuntemuksiinne; mutta minä väitän suureksi sitä, että oli olemassa jotain, jolla korvata tuo tapahtunut petos; että oli jotain aitoa ja todellista. Ellei olisi ollut, Teidän voitontunteennekin olisi ollut vain moraalinen reaktio ilman sen suurempaa merkitystä, - kun taas nyt siitä on tullut osa elämäänne, sitä elämäänne, rakas Kappus, jolle toivon niin paljon hyvää. Muistattehan, miten tämä elämä lapsuudesta saakka on ahnehtinut "suuruutta"? Minä näen nyt, että se kaipaa suuren jälkeen vielä "suurempaa". Siksi siitä ei tule puuttumaan vaikeuksia, mutta ei liioin mahdollisuutta kasvamiseen.

Ja sanoakseni vielä jotain; älkää luulkokaan, että *se* joka tässä kokee lohduttaa Teitä, viettäisi tuskatonta elämää niiden pienten ja hiljaisten sanojensa takana, joista joskus saatte apua. Hänellä on paljon kipua ja murhetta, jopa enemmän kuin Teillä ehkä. Mutta ellei näin olisi, hän tuskin olisi voinut löytää noita sanojakaan.

Ihr:
Rainer Maria Rilke

Furuborg, Jonsered, in Schweden,
am 4. November 1904

Mein lieber Herr Kappus,

tämän ajan, jona olette jäänyt vaille kirjettäni, olen viettänyt osaksi matkoilla, osaksi niin kiinni töissä, etten ole voinut kirjoittaa. Ja tänäänkin se sujuu vaikeasti, koska olen jo käteni väsyksiin saakka kirjoitellut viestejä ihmisille. Jos voisin sanella, puhuisin Teille vaikka kuinka paljon, mutta nyt saatte vain muutaman rivin vastauksen omaan pitkään kirjeeseenne.

Minä ajattelen usein Teitä, rakas Kappus, ja keskityn niin tiiviisti toivomaan Teille hyvää, että sen jo luulisi Teitä auttavan. Mahtavatko kirjeeni niin auttaakaan, epäilen usein. Älkääkä nyt väittäkö toista. Ottakaa kirjeet vastaan rauhallisesti ja sen suuremmin kiittämättä ja jääkää yhdessä kanssani odottelemaan, mitä tuleman pitää.

Tuskin hyödyttää nyt mennä kohta kohdalta lauseisiinne; sillä ainoa, mitä pystyn sanomaan Teidän epäilyynne tai vaikeuteenne saattaa ulkoinen ja sisäinen tasapainoon, on edelleenkin sama, mitä olen jo usein toistanut: olkaa kärsivällinen, jotta kestäisitte, ja tarpeeksi yksinkertainen, jotta uskoisitte. Ja alkakaa yhä lujemmin luottaa siihen, mikä on vaikeaa. Ja pitäkää yksinäisyytenne ystävänä. Mitä muuhun tulee, antakaa elämän kulkea. Uskokaa pois; se on oikeassa, tapahtui mitä tahansa.

Sitten tunteista: puhtaita ovat kaikki tunteet, jotka Teitä eheyttävät ja nostavat; epäpuhdas on tunne, joka koskettaa vain olemuksenne *yhtä* puolta ja vetää Teitä vinoon. Kaikki, mitä voitte ajatella kasvokkain lapsuutenne kanssa, on hyvää. Ja oikein on kaikki, mikä saa Teidät olemaan *enemmän,* kuin olitte sitä ennen parhaimpinakaan hetkinänne. Jokainen kiihtymys on hyvä, jos se liikkuu koko verenkierrossanne, ellei se ole humalaa tai muuta sameutta, vaan riemua, jonka voi kokea pohjaan asti. Ymmärrättehän mitä tarkoitan?

Ja skeptisyydestänne voi siitäkin tulla hyvä ominaisuus, jos vähän *koulitte* sitä. Siitä on tultava *tietoista,* siitä on tultava kriittisyyttä. Kysykää siltä, niin usein kuin se tahtoo pilata ilonne, *miksi* se näyttää jonkin asian vastenmielisenä, vaatikaa siltä perusteita, koetelkaa sitä, niin tulette huomaamaan, miten noloksi ja neuvottomaksi se käy, kukaties hankalaksikin. Mutta älkää Te antako periksi, pankaa se lujille ja määrätietoiseen käsittelyyn jok'ikinen kerta, kunnes koittaa päivä, jolloin se ei ole enää häiritsijä, vaan mitä parhain apulaisenne, - kenties viisain kaikista elämänne rakentajista.

Tässä kaikki, mitä tänään halusin Teille sanoa, rakas Kappus. Lisäksi lähetän Teille hetimmiten eripainoksen eräästä pienestä runoelmasta, joka on nyt ilmestynyt prahalaisessa lehdessä *Deutsche arbeit.* Siinä puhun Teille lisää elämästä ja kuolemasta sekä siitä, miten suuri ja ihana asia kumpikin on.

Ihr:
Rainer Maria Rilke

Paris, am zweiten Weihnachtstage 1908

Ette arvaa, rakas herra Kappus, miten iloinen olin luettuani kauniin kirjeenne. Kertomanne uutiset, nämä todet ja koskettavat, tuntuvat minusta hyviltä, sitä paremmilta kuta enemmän niitä ajattelen. Halusin kirjoittaa tämän Teille oikeastaan jo jouluaatoksi; mutta siinä työn tiukkuudessa, jota tänä talvena lähes keskeytyksittä elän, tuli tuo vanha juhla eteen niin nopeasti, että tuskin ehdin hoitaa välttämättömimmät asiat; kirjeet jäivät.

Mutta ajatellut olen Teitä usein näinä pyhäpäivinä ja eläytynyt siihen sisäiseen hiljaisuuteen, jota Te siellä yksinäisessä linnakkeessanne koette, suurten etelätuulten raivotessa vuorilla, kuin haluten halkoa ne kappaleiksi.

Sen hiljaisuuden, jota tuollaisetkaan myrskyt eivät häiritse, täytyy olla rajaton, ja kun lisäksi tulee vielä meren läsnäolo, ei voi muuta kuin toivoa, että Teillä on kyllin uskoa ja kärsivällisyyttä antaa tuon suurenmoisen yksinäisyyden työskennellä - sehän ei enää ole elämässänne mitään ylimääräistä ja poispyyhittävää, vaan sen normaali, odotettavissa oleva osa, joka vaikuttaa tästä lähin nimettömänä saapuen ja hiljaa erkaantuen kaikessa mitä teette ja elätte. Ikään kuin veri, se etenemisestään tietoisena jatkaa kulkuaan ja yhtyy meissä siihen, mikä on ominta ja ainutkertaisinta, tapahtui meille mitä tahansa.

Kyllä vain: iloitsen, että Teillä on tämä vankka ja sanoin ilmaistava asema, tämä titteli, tämä univormu, tämä palvelus, kaikki tämä kouriintuntuva ja helposti rajattava - todellinen haaste kenelle tahansa sellaisessa ympäristössä elävälle, jolla on kumppaninaan yhtä lailla eristetty, pieni miehistö. Voimat on käytettävä valppaasti ja tositilanteessa, ja se on jotain aivan muuta kuin sotilasuraan usein liittyvä naamiopeli. Se siis suorastaan kasvattaa eikä vain anna mahdollisuutta itsenäisyyteen ja tarkkuuteen. Ja kun olosuhteet alkavat työskennellä hyväksemme ja asettaa meitä yhä uudelleen vastakkain suurten elementtien ja luonnonvoimien kanssa - mitä muuta me silloin tarvitsemme.

Taidekin on vain yksi tapa elää, ja siihen voi tietämättään valmistautua olemalla niin tosi kuin pystyy. On olemassa valheellisia, puolitaiteellisia ammatteja, jotka ovat olevinaan luovia, mutta itse asiassa kieltävät koko taiteen, ovat jopa sen vihollisia. Tällainen vaara piilee kaikessa journalismissa ja melkein kaikessa kritiikissä, ja sama pätee kolmeen neljäsosaan siitä, mikä tahtoo itseään kirjallisuudeksi kutsuttaman. Olen sanalla sanoen iloinen, että olette välttänyt vaaran joutua tekemisiin kaiken tuon kanssa ja olette siellä raakojen realiteettien parissa rohkeasti yksinäinen. Pysyttäköön myös alkava vuosi Teitä tuossa lujuudessa ja antakoon Teille voimia.

Immer Ihr:
Rainer Maria Rilke

II

Sydämen ehdottomuudessa, laulujen alla

Rilken runouden toinen puoli

"Osa luontoni runsaudesta"

Kun Rilke Ranskassa, Italiassa tai Ruotsissa pohtii yksinäisyyden avaruutta Franz Kappusille vastausta laatiakseen, hänen voi olettaa samalla kypsyttelevän kirjettä parille kolmelle muulle.

Rainer Maria Rilken kirjetuotanto on hänen runoutensa toinen puoli, josta hänen tulkitsijansa innolla ammentavat. Ei edes kootussa laitoksessa *Briefe*, joka käsittää yli tuhat sivua ja 436 viestiä vuosilta 1897-1926, ole kaikki se, mitä Rilke on elämänsä aikana postittanut; Weimarin Rilke-arkistossa on yhä runsaasti julkaisemattomia kirjeitä.

Rilken voi laskea laatineen keskimäärin neljä tai viisi kirjettä päivittäin. Suotta hän ei tunnusta kustantajalleen Anton Kippenbergille: "Koska olen aina tilaisuuden tullen purkanut kirjeisiin osan luontoni runsaudesta, en näe mitään estettä niiden julkaisemiselle." Arkistointi oli tuolloin jo aloitettu sekä lähettäjän että vastaanottajien puolella. Kustantajalle ja Rilken lähisukulaisille (Ruth-tyttärelle ja tämän miehelle Carl Sieberille) jäi urakasta vain osa.

Kirjekumppaneissa on taiteilijoita, Auguste Rodinista kuvanveistäjä Clara Westhoffiin, josta tuli Rilken puoliso. Luovan työn aloista kuvataide on Rilkelle runouden ohessa läheisin. Aikalaiskirjailijoille, kuten André Gidelle ja Stefan Georgelle, Rilke kirjoittaa. Ranska on hänelle toinen kirjekieli, ja hän on kääntänyt ranskalaisten symbolistien runoutta.

Oma sarjansa kirjeiden historiassa ovat sadat aatelisnaisille osoitetut. Rilke ilmaisee kiitollisuuttaan ylhäisömesenaateilleen, joiden linnoissa hänelle on usein järjestynyt kirjoitustilaa ja rauhaa. Ruhtinatar Marie Thurn und Taxis - Hohenlohe on Rilken kirjeuskottu, joka saa melkein ensimmäisenä kuulla Duinon elegioiden loppuunsaattamisvaiheen katkeamattomasta kiihkosta.

Kirjailija Lou Andreas-Salomé, joka tiedetään myös Nietzschen ja Freudin ystäväksi, saa Rilkeltä kenties kipeimmät ja rehellisimmät itsetilitykset, muunmuassa sen, että luomiskyvyn säilyttäminen on arvokkaampaa kuin alistuminen psykoanalyysiin, jota tuo vahvatahtoinen intellektuelli on yliherkälle runoilijalle suositellut. Samalle ystävättärelleen Rilke tunnustaa senkin, että omistaa lopulta varsin vähän ajatuksia niille, joille laatii pitkiä, huolellisia kirjeitä. Jos kirjailijan lyriikka ja kirjeet ovat saman tuotannon kaksi puolta, voi kysyä, ajatteleeko lyyrikkokaan runon vastaanottajaa. Silti viesti on sekä huoliteltu että syvä ja kaunis.

Rilken kirjetuotannon äärellä saa halutessaan unohtaa biografiset faktat - senkin, että Rainer Maria - alkuaan René Karl Wilhelm Johann Josef Maria Rilke - ehti elämässään matkustella Keski- ja Etelä-Eurooppaa ristiin rastiin ja kauemmaksikin: aina Ruotsiin, Venäjälle ja Afrikkaan; tai että kotipaikkoja oli, synnyinseudun Böömin lisäksi, ainakin viidessä valtiossa. Alfred Schaerille Rilke kirjoittaa matkojensa ja samalla yksinäisyytensä suuresta merkityksestä: "(...) suurin [vaikuttaja] kuitenkin lienee se, että olen saanut olla ja kulkea *yksinäni* niin monissa maissa, kaupungeissa ja maalaiskylissä, ja saanut, minkään häiritsemättä ja koko kuuloni ja kuuliaisuuteni voimalla olla läsnä tuossa alati uudistuvassa rikkaudessa, olla sen oma, ja taas, kun se on ollut tarpeen, osannut luopua siitä." (Rilken kirje Alfred Schaerille 26.2.1924, suom. L.E.)

Yksistään Kappus-kirjeiden päiväyksisssä esiintyy neljä eri maata. Pariisin ohessa nuoren Rilken tärkein paikka lienee ollut Bremenin lähellä sijaitseva Worpsweden kylä, johon muodostunut taiteilijayhteisö vauhditti hänen tutustumistaan kuvanveistäjä Auguste Rodiniin, jonka työtoveriksi runoilija sittemmin Ranskassa ryhtyi.

Rilken kirjeistä kuultaa syvä kunnioitus tuota kuvanveistäjämestaria kohtaan ja niistä näkyvät hänen elämänvaiheidensa muutkin tärkeät etapit - jopa ne arjen hetket, kun runoilija kokee lääkitä flunssaa tai muita ilmastonmuutosoireitaan.

Mutta myös kieleltään ja sisällöltään kirjeet ovat paljolti rinnasteisia runojen kanssa. Kirjeitä hallitsee musiikillinen - nykylukijan korvissa ylevän arkaistinenkin - tyyli, joka ei kaihda kohteliaisuuskuviointeja. Tuskin kahtakymmentään ylittänyt Kappus saa "korkeasti kunnioitettuna herrana" vastaanottaa viestejä, joiden sisältö nousee vastustamaan kaikkea sovinnaista. Myös lyyrikkona Rilke on pitkävirkkeinen, rauhallinen ja sonorinen, muotokurissa tinkimätön. Hänen saksaansa pidetään vaikeana; hän luo omia filosofisia käsitteitä, jotka näkyvät kirjeissä jo ennen kuin ilmaantuvat runoihin.

Rilken kirjeitä voi lukea runojen ja romaanien kääntöpuolena myös niin, että seuraa tiettyjä perusmotiiveja ja -kuvia, joita lyyrikko kirjeissään ensin ikään kuin harjoittelee ja vasta sitten kelpuuttaa ne runoihin. Kirjeistä on, erilaisina luonnosteluina, löydettävissä elegioiden *enkeli,* yhtä hyvin kuin *marionetti* tai *nuorena kuollut. Verenkierrosta* asian syvän omaksumisen symbolina Rilke puhuu jo kirjeessä Kappusille. Sittemmin tämä biologisen liikkeen kuva saa poeettiset versionsa niin Kolmannessa elegiassa kuin pitkissä

Requiem-runoissa. Jos lyyrikon kirje avartuu pohdintaosiltaan esseeksi, se myös tihenee lähes runoksi niissä kohdin, joissa jokin hänen perusteemoistaan hakee ilmaisuaan.

Sisäavaruus - esineen syvyys

Kirjeissä kuvataan sitäkin, millainen näky tai elämys on johtanut pitkän, koko tuotannonkin mittaisen filosofian kehittelyyn. Rilken ajattelun avainkäsitteitä on *Weltinnenraum, maailman sisäavaruus,* joka tulee osaksi ihmisen, kokijan, sisintä tilaa: subjekti ja kohde yhtyvät syvimmän käsittämisen tasolla. Alkuelämys on ollut fyysinen. Rilke kertoo kirjeessään (Adelheid von Marwitzille, 1919) istuneensa kerran yöllä Caprilla, suuren öljypuun alla, ja kuulleensa linnunhuudon joka synnytti tunnon vahvasta, kosmisesta ykseydestä: "(...) minun oli suljettava silmäni, ääni oli minussa ja minun ulkopuolellani yhtä aikaa ja laajeni kuin ehjä mutta loputon tila, koko ajan kirkastuen!"

Toinen tärkeä käsite Rilken maailmassa on *Ding*. Pelkästään *esineeksi* suomentaminen ei tee täyttä oikeutta sille, sillä kyse on yhtä hyvin konkreeteista kappaleista kuin luonnon, ilmaston tai ajankulun ilmiöistä.* Rilke suosittaa jo Kappusille kääntymistä tämän "esinemaailman" puoleen, jos yksinäisyys ahdistaa tai jos ihmisten kanssa seurustelu tuottaa pettymyksen. *Esineiden* syvintä rehellisesti kuuntelemalla löytää sisimmän kerroksen myös itsestään, löytää sen olemisen tason, missä yksinäisyys ei ole enää tuskan aihe tai sosiaalinen virhe, ja minne sellaisilla hätävalheilla kuin skeptisyydellä tai ironialla ei ole pääsyä.

Ding-filosofia esiintyy Rilken muissakin kirjeissä varsin tiuhaan ja syvenee runoissa metafysiikaksi. Esineissä sisätila on loputon; se on ihmisen löydettävä: muunnettava näkyvä ja katoava näkymättömäksi, ylistettävä sitä näin "enkelille". Tässä kaikkeusolennossa näkymättömäksi muuttaminen on jo täydellisesti toteutunut, siksi enkeli on ihmiselle "kauhea". "Mutta jos huutaisin järjestelmissä enkelien kuka kuulee",** alkaa elegiasarja. Rilke kertoo kuulleensa tuon säkeen Toledossa ikään kuin vuorten kaikuna. Hän kieltää enkelin yhteydet katolisen kirkon oppeihin vaikka

---

* Käännöksessä käytetään paikoin kiertoilmausta tai puhutaan *esineiden* lisäksi kasveista, eläimistä, ilmiöistä ym. Toisaalta *Ding*-sanaa näkee myös suomennetun pelkästään *esineeksi* esim. Aila Meriluodon elegiakäännöksissä tai Rilken keskikauden tuotantoon viittaavassa lajinimikkeessä *esinerunous (esineruno, Dinggedicht).*

** Suom. Aila Meriluoto. Alkutekstissä: "*Wer, wenn ich schriee, hörte mich denn aus der Engel Ordnungen?*"

on varhaiskaudellaan tunnustanut kristinuskon, etenkin Venäjän ortodoksisuuden, vaikuttaneen itseensä, ja hän kertoo Kappusille Raamatun kuuluvan matkavarusteisiinsa. Espanjan-vuosinaan, elegioiden kirjoittamisen alkuvaiheissa, Rilke tutkii myös Koraania. Häntä on sanottu uskonnolliseksi lyyrikoksi. Mutta, kuten H. G. Gadamer toteaa esseessään *Rainer Maria Rilke nach fünfzig Jahren* (1990, s. 81), olennaista ei tällöin ole yhteys tiettyyn kirkkoon tai yhteisöön, vaan suhde jumaluuteen metafyysisenä käsitteenä. Omassa "rukouskirjassaan", *Das Stundenbuch* (1899-1903), Rilken lyyrinen minä kurkottuu vaikenevan Jumalan puoleen.

Elegiain enkeliä ei tavoita tavanomainen rukous tai huuto, saati että tämä puhuisi. *Enkelin* tulkitsemiseen on tarvittu sadoittain elämäkerta- ja tutkimussivuja. Syvimmillään se näyttää symboloivan niiden kosmisten kehien ulointa osaa, joita Rilke sivuaa jo Kappus-kirjeiden aika- ja kuolemapohdinnoissa. *Enkeli* on sen metafyysisen olemisen ääritaso, jossa ihminen on vasta "alokas". Yhteyden tuohon "olevampaan" voi saada vain *maan* näkymättömäksi muuttamisen - sen ylistämisen* - kautta.

* Verbi *preisen*, suomennoksissa *ylistää*, on Rilken filosofian ilmauksena yhtä hankala sana kuin *Ding*. Kyse ei ole kunnian antamisesta jollekin korkeammalle - vrt. sanan käyttö hengellisissä yhteyksissä - vaan pikemminkin hyväksymisestä ja tunnustamisesta, johon liittyy ilon ilmaiseminen ja jolla on muuntamiskyky.

Rilke kirjoittaa puolalaiselle kääntäjälleen Witold Hulewiczille (postileima 13.11.1925): "Elegiain enkeli on olento, jossa näkymättömäksi muuntaminen jo täydellisesti todentuu. Kaikki menneet tornit ja palatsit ovat elegioiden enkelille olevaisia juuri siksi, että ne ovat olleet pitkään näkymättömiä, ja meidän aikamme tornit ja sillat taas ovat hänelle jo näkymättömiä, vaikka ne meille vielä materiaa. Elegiain enkeli on olento, jossa näkymätön todellistuu korkeimmassa asteessaan. - Siksi se on 'kauhea' meille, jotka vielä riipumme kiinni näkyvässä, vaikka liitymme häneen sukulaisuuden ja rakastamisen sitein. - Kaikki universumin maailmat ovat syöksymässä näkymätöntä päin, kuin syvempää todellisuuttaan; jotkin tähdet kiihtyvät liian nopeasti ja tuhoutuvat kun kohtaavat enkelin tietoisuuden, sen loputtomuuden, - toiset taas käyvät muutoksen tietä hitaasti ja varovasti ja saavuttavat, sitä kauhistuen tai sitten ihastuneina, heitä lähinnä olevan, näkymättömän todellisuuden. Me olemme, tulkoon se vielä kerran sanotuksi, elegiain tarkoittamassa mielessä, näitä maan muuntajia, meidän koko olemisemme, rakkautemme, sen liito ja syöksy, kaikki tekee meissä tätä tehtävää (jonka tärkeydelle ei ole vertaa)."

Muutosvoimainen ilo kulkee elegioissa valituksen rinnalla, ja - tätä Rilke korostaa kirjeissäänkin - alkuaan nämä, nyt dualismiksi eriytyneet, olivat ihmisessä jakamattomasti, ykseytenä.

Enkelin etäisyyden voi nähdä myös merkkinä siitä, miten kauas ihminen on loitonnut metafyysisestä perusolennastaan. Sitäkö hän, itsestään vieraantuneena, huutaakin? Tätä kyselee Gadamer (1990, s. 84). Tämäkö on houkuttanut myös monen psykologis-eksistentialistisen tulkitsijan pohtimaan "metafyysistä projektiota", jakautuneeksi koetun olemisen perustuskaa.

Mitä voi siis "täällä" tehdä: säilyttää taiteeksi muuntamalla sen, missä enää syvyyttä on, uhmata pintaviihdykkeitä ja -virikkeitä, olla sisimpänsä ehdottomuudessa tosi ja kokonainen - ja laulaa siitä.

Kirjeissään tulkitsijoilleen Rilke muistuttaa yhä uudelleen, ettei "laulu" tällöin ole vain taiteen tekemistä. Se on yhtä hyvin läsnä käsityössä: savenvalannassa, köydenteossa - kaikessa yksinkertaisessa, perinteiden varmistamassa viisaudessa. Esimerkiksi Alfred Schaerille, kirjallisuudentutkijalle joka on kysellyt häneltä vaikutteidensaamisesta, Rilke kirjoittaa: "Ketkä kaikki minuun ovatkaan vaikuttaneet! Jos yksi olemalla täydellinen, joku toinen juuri siksi, että saa minut kriittiseksi ja miettimään, miten muutoin sen olisi voinut tehdä. Joku vaikuttaa läheisyydellään, jonka heti aistii, joku toinen päinvastoin vieraudellaan, likipitäen vihollisuudellaan, mahdottomuudella päästä luokse. (...) Nuo ovat tärkeitä, mainitsemisen arvoisia. Mutta usein kyselen itseltäni, eikö sittenkin jokin itsessään ehkä vähäpätöinen ole vaikuttanut hahmotustapaani kaikkein ratkaisevimmin: yhdessäolo koiran kanssa; ne hetket jotka Roomassa sain viettää muuatta köydenpunojaa katsellen, käsityöläistä, jonka liikkeissä toistui jotain ikivanhaa ja perustavaa... tai se, kun seisoin eräässä pienessä kylässä Niilin luona savenvalajan dreijan vieressä - kokemus oli sanoinkuvaamaton." (Rilken kirje Alfred Schaerille 26.2. 1924, suom. L.E.)

Yhdeksännessä Duinon elegiassa tuo kokemus käsityöläisyyden merkityksestä saa ilmaisunsa:

(...)
Näytä yksinkertainen, tuo muovattu polvesta polveen,
tuo mikä meidän on, katseessa elää ja likellä kättä.
Esineet sano hänelle. Hämmästyvämpänä seisoo
hän; kuin itse seisoit köydenpunojan, ruukuntekijän luona.
Näytä kuinka voi esine onnekas olla ja viaton, meidän,
kuinka voihkiva tuskakin puhtaan hahmon saa,
esineenä toimii tai siihen kuolee - ja autuaana
viulusta haipuu tuonpuoleiseen. - Oi, nehän tietävät
sinut ylistäjäkseen, nuo tuhosta elävät;
meihin ne turvänsa panevat, katoavat katoavimpiin.
(...)

(Duinon elegiat, Yhdeksäs elegia, suom. Aila Meriluoto)

Sanoa katoavalle ja häilyvälle: kyllä, eikä antaa sen turhauttaa; tunnustaa jakamattomuus, sen sijaan että asettuisi aina vain jotain vastapäätä;

turvajärjestelmiä rakentamatta hyväksyä myös kuolema, "elämän kääntöpuoli" - tässä Rilken ohjelmaa, joka on yhtä lailla kirjallista kuin elämänfilosofista, niin lyyrisissä pääteoksissa kuin kirjeissä ilmenevää.

Jyrkänteeltä

Paitsi *valituksen* ja *ylistyksen*, Rilken kirjeistä voi seurata myös *kuoleman* ja *rakastamisen* jännitettä, joka saa vahvimman lyyrisen ilmauksensa sekä elegiasarjan lopussa että soneteissa Orfeukselle. Nuorta Kappusia Rilke varoittaa suhtautumasta rakkauteen halpana viihdykkeenä, sillä rakkaus on syvää ja vaikeaa, siksi haasteellista. Kirjeessä Clara-vaimolleen hän sanoo tunnetun lauseensa rakastavista, joiden tulee suojella toistensa yksinäisyyttä. Syvän ja avaran yksinäisyyden kokevalle myös tuska on iloksi: se ottaa kädestä, haluaa auttaa. Näin raukeaa taas osa totunnaisajattelun vastakohtaisuutta. Kymmenennen elegian päähenkilö, tuonelaan muuttanut "nuorena kuollut", voi todeta onnelliseksi sen, mikä "vajoaa".

Orfeus on Rilkeä kiehtonut myyttihahmo, joka käy tuskien pohjalla asti ja muuntaa valituksensa lauluksi. Tälle "ylistäjälle" Rilke omistaa elegioiden rinnakkaisteoksen *Die Sonette an Orpheus*.

Rilke kirjoittaa Hulewiczille saaneensa lähes yhtenä ryöppynä tulleisiin sonetteihinsa sysäyksen erään tuntemansa tytön, Wera Ouckama Knoopin, varhaisesta kuolemasta: tytön oli sairauden vuoksi keskeytettävä lupaaava tanssijanura, mutta hän halusi vielä "puhua ja tunnustaa" - piirtämällä ja soittamalla. Tytön äiti, Gertrud Ouckama Knoop, kuului Rilken kirjekumppaneihin, hänelle osoitetuista viesteistä ilmenee, että Wera on sonettien runoilijalle naispuolinen Orfeus, kuollut ja silti elävä, osa lyyrikon, hänen kuulemisensa, sisäavaruutta:

Ja takaa soiton kevätharsopuun,
onnensa täyteydestä, tyttö melkein
ilmestyi. Liikkein säteilevin, selkein
vuoteensa teki korvaan, kuunteluun.

Minussa nukkui, yhä nukkuu hän.
Unensa oli puut ja ihanuudet
maiseman, polut, niityt, kaukaisuudet
ja aallot meren ikiläikkyvän.

Hän nukkui maailman: oi miten loit
täydelliseksi hänet laulullasi.
Ei herätä hän tahdo. Syntyi - nukkui.

Niin kuoliko? Ei, ennen kuin on maa
kylläinen valituksestasi, soitostasi.
Mihin hän minusta nyt menisi?... Hän, tyttö melkein...

(Die Sonette an Orpheus,
Erster Teil:II,
suom. L.E.)

"Ne ovat, ja miten muuten voisi ollakaan", Rilke kirjoittaa soneteistaan, "samaa juurta kuin elegiat, ja se, että ne syöksyivät minusta erään nuoren tytön kuoleman vaikutuksesta esiin niin ilman omaa tahtoani, lähentää niitä entisestään elegioihin. Tämäkin ykseys johtaa meitä *sen* valtakunnan keskukseen, jonka syvyyttä olemme rajattomasti jakamassa sekä kuolleiden että jälkeemme tulevien kanssa." (kirje Witold Hulewiczille 13.11.1925, suom. L.E.)

Nuorena kuollut jättää jälkeensä erityisen menetyksen ja epäoikeudenmukaisuuden tunteen. Mutta teemmekö itse oikeutta kuolemalle, kysyy Rilke, jos suremme katkerina, tunnustamatta kuoleman positiivista osuutta elämässä. Hulewicz-kirje puhuu alusta alkaen "elämän ja kuoleman myöntämisestä ykseydeksi". "Olisi suurta harhaa", Rilke kirjoittaa, "olettaa toinen ilman toisen mukanaoloa. Kuolema on se elämän puolisko, joka on kääntynyt meistä poispäin, mutta kuuluu meihin erottamattomasti: meidän tehtävämme on olla koko tietoisuudellamme kummallakin alueella, ilman rajaa, ja ammentaa loputtomasti ravintoa kummastakin... Tosi elämä ulottuu molemmille alueille, aivan kuten verenkiertokin suuressa ympyrässään käsittää molemmat. Ei ole siis tämänpuoleista eikä tuonpuoleista, vaan suuri ykseys, ja siinä juuri tuo meidän olemisemme ylittävä kaikkeuden asukas, *enkeli*, on kotonaan.

Siinä toteutuu, alati laajentuvasti, myös rakkaus; se on kokonaisvaltainen asia, se ei onnistu ennen kuin tässä ehyessä maailmassa."(Kirje Hulewiczille 13.11.1925, suom. L.E.)

Kuolema merkitsee rajattomuutta myös ajan suhteen, ja, vaikka joka yksilön on koettava *oma* kuolemansa, se on samalla *nimettömyyttä (Namenlosigkeit):* jokaisen ja ei-kenenkään nukkumista. Rilken kuolemanfilosofia, jonka alkumuotoja voimme seurata kirjeistä nuorelle runoilijalle, saa kipeän omakohtaisen ilmauksen niissä viimeisissä viesteissä, joita leukemiaan sairastunut lyyrikko lähettää kuolinvuoteeltaan, Sveitsistä, joulukuussa 1926. Hän laatii itselleen hautakirjoituksen: *Rose, o reiner Widerspruch, Lust/ niemandes Schlaf zu sein unter soviel Lidern.* (Ruusu, oi puhdas ristiriita, ilo/ olla ei-kenenkään uni niin monien luomien alla.) Tässä epigrammissa *luomet* viittaavat samalla *lauluihin (Lieder);* runon toista homofoniaa - *reiner* vrt. *Rainer* - on yhtä mahdoton suomentaa. Paradoksaali tihentymä on, että yhden, nimeltä mainitun uni on samalla nimetöntä, rajatonta, ja sellaisena puhdasta. Laulujen paljous kätkee, kuin terälehtien, "luomien", kerroksisuus; mutta samalla levittää jotain auki, laajenevin ympyröin; näyttää suuntaa - eikä vain yhdelle nuorelle kirjoittajalle, vaan eurooppalaiselle lyriikalle.

Rilken ajankohtaisuutta 1900-luvun lopun maailmassa on turha toistaa; raja-aitoja on rakentunut yhä lisää, määritelmiä on laadittu pirstomaan asioiden syviä yhteyksiä. Jo noin sata vuotta sitten Rilke kirjoittaa:

Minua pelottavat ihmisten sanat,
he kaiken niin selvästi ilmoittavat:
tässä on talo, ja koira tuossa,
ja tässä on alku, ja loppu tuossa.

Tuota ivallista leikkiä vierastan,
he säätävät menneen ja tulevan;
he eivät osaa vuoria kumartaa;
pihallaan ja pellollaan he aitaavat Jumalaa.
(...)

(Hetkien kirja,
suom. Anna-Maija Raittila)

Sama sanoma näkyy kirjeestä Kappusille: niissä kerratusta ykseysajatuksesta, yksinäisyyden eetoksesta ja siitä lahjomattomuudesta, jolla Rilke kohtelee taiteen liepeille asettuneita markkinoijia ja hupimestareita. Hän nostaa analyytikkojen linssejä vasten omat jyrkänteensä: tutkikaa! Itse hän ei halua puuttua runon arkoihin sanoihin kritiikillä. Näin hän on kriitikkona armottomampi kuin runojen tuoreus- ja tiiviysmittareiden käyttelijät.

Rainer Maria Rilkelle ei kenenkään runoilijan "oma ääni" ole teknistä kikkailua vaan sydämen ehdottomuutta. Nuori Kappus saa ottaa tai jättää: se tie mille sisin kutsuu, ei ehkä olekaan lyyrikon tie ja sinne mikä se sitten onkin opastaja toivottaa hänelle hyvää matkaa.

Liisa Enwald

Kirjallisuutta

Bassermann, Dieter: Rilkes Vermächtnis für unsere Zeit.Berlin, Buxtehude, 1947.

Bollnow, Hans von: Rilke. Stuttgart 1959.

Gadamer, Hans-Georg: Rainer Maria Rilke nach fünfzig Jahren. Gedicht und Gesbräch. Frankfurt am Main 1990.

Holthusen, Hans Egon: Rainer Maria Rilke in Selbstzeugnissen und Bilddokumenten. Hamburg 1958.

Hökkä, Tuula: Mullan kirjoitusta, auringon savua. Näkökulmia Eeva-Liisa Mannerin runouteen ja sen modernisuuteen. Helsinki 1991.

Kippenberg, Katharina: Rainer Maria Rilke. Frankfurt am Main 1949.

de Man, Paul: Allegories of Reading. Figural Language in Rousseau, Nietzsche, Rilke and Proust. New Haven and London 1979.

Prater, Donald A: Ein klingendes Glas. Das Leben Rainer Maria Rilkes. Eine Biographie. Reinbek bei Hamburg 1989.

Rilke, Rainer Maria: Briefe. Herausgegeben vom Rilke-Archiv in Weimar. In Verbindung mit Ruth Sieber-Rilke, besorgt durch Karl Altheim. Wiesbaden 1950.

Rilke, Rainer Maria: Duineser Elegien. Die Sonette an Orpheus. Mit Erläuchterungen von Katharina Kippenberg. Zürich 1951.

Rilke, Rainer Maria: Gesammelte Gedichte. Frankfurt am Main 1962.

Rilke, Rainer Maria: Duinon elegiat. Suomeksi tulkinnut Aila Meriluoto. Porvoo 1974.

Rilke, Rainer Maria: Hetkien kirja. Runoja vuosilta 1899-1908. Toimittanut ja saksan kielestä suomentanut Anna-Maija Raittila. Juva 1992.

Toivonen, Pirjo-Maija: Aila Meriluodon varhaislyriikan modernismi ja sen tausta. Tekstianalyyttinen tutkimus modernismin estetiikasta ja historiasta. Jyväskylä 1986.

Rilkeä suomeksi

Duinon elegiat. Suomeksi tulkinnut Aila Meriluoto. WSOY 1974.
Hetkien kirja. Runoja vuosilta 1899-1908. Toimittanut ja saksan kielestä suomentanut Anna-Maija Raittila. WSOY 1992.
Malte Laurids Briggen muistiinpanot. Romaani. Suomentanut ja jälkisanat kirjoittanut Sinikka Kallio. Weilin-Göös 1984.

Runosuomennoksia lisäksi mm. seuraavissa teoksissa:

- Uuno Kailaan käännösvalikoima Kaunis Saksa. Sarja saksalaista lyriikkaa. WSOY 1924. Sis. runon Syksy.
- Arvi Kivimaan kokoelma Omenapuu lumessa. Otava 1944. Sis. runon Eros.
- Arvi Kivimaan käännösvalikoima Laulujen virta. Saksalaista lyriikkaa seitsemänsadan vuoden varrelta. WSOY 1936. Sis. runot Eräästä huhtikuusta, Muudan naiskohtalo, Unilaulu uupuvalle, Kaivo, Lapsuus ja Syyspäivä.
- Aila Meriluodon kokoelma Sairas tyttö tanssii, WSOY 1952.(ks. myös Kootut runot. WSOY 1976.) Sis. runot Ken lienetkin, Syyspäivä, Poika, Orpheus. Eurydike. Hermes, Naisten laulu runoilijalle ja Venuksen syntymä.
- Aale Tynnin toimittama ja suomentama antologia Tuhat laulujen vuotta, WSOY 1974. Sis. runot Lapsuus, Marian ilmestys, Rakkauden laulu, Kämmen, Sonetteja Orfeukselle II.12, Karuselli ja Yhdeksäs Duinon elegia.
- Antologia Uskon lyriikkaa I-III. Valikoinut ja suomentanut Anna-Maija Raittila. Kirjapaja 1981, 1982, 1983. (Ks. myös Hetkien kirja, toim. Anna-Maija Raittila.) Sis.runot Kaikissa esineissä kohtaan sinut, Kaikki on muuttuva, Vakava hetki, Köyhän talo on kuin alttari, Minua pelottavat ihmisten sanat, Jumala, et saa surra, Mitä ikinä ei ole ilmaistu, Sinua, keskilaivaa, rakennamme, Öljypuulehto, Kenties saan käydä vuorten painon alle, Jumala, naapurini ja Oi Herra, kullekin suo kuolemansa.

Rilken kirjeissä mainitut henkilöt